Canada and the Developing World

Key Issues *for* Canada's Foreign Policy

The North-South Institute

THE NORTH-SOUTH INSTITUTE

DB# 121 1663

The Institute is a non-profit corporation established in 1976 to provide professional, policy-relevant research on the 'North-South' issues of relations between industrialized and developing countries. The results of this research are made available to policy makers, interested groups and the general public to help generate greater understanding and informed discussion of development questions. The Institute is independent and non-partisan, and cooperates with a wide range of Canadian, overseas and international organizations working in related activities.

The contents of this paper represent the views and findings of the staff of the Institute alone and not necessarily those of The North-South Institute's supporters, or those consulted in its preparation.

Canadian Cataloguing in Publication Data

Main entry under title:

Canada and the developing world : key issues for Canada's foreign policy

Text in English and French.
Title on added t.p., inverted: Le Canada et le monde en développement.
Includes bibliographical references.
ISBN 0-921942-65-6

1. Canada—Relations—Developing countries. 2. Developing countries—Relations—Canada. 3. Economic assistance, Canadian—Developing countries. 4. Technical assistance, Canadian—Developing countries. 5. Canada—Foreign economic relations—Developing countries. I. Weston, Ann II. North-South Institute (Ottawa, Ont.). III. Title: Le Canada et le monde en développement.

FC602.C33 1994   327.710172′4   C94-900425-1E   F1034.2.C36 1994

Editor: Rowena Beamish
Production: Anne Chevalier
Cover Design: Expression Communications

©The North-South Institute/L'Institut Nord-Sud, 1994

Price: $12.00 (NS 178e,f)

Additional copies may be ordered from the Institute at
55 Murray Street, Suite 200
Ottawa, Canada
K1N 5M3
Telephone: (613) 241-3535   Fax: (613) 241-7435

FOREWORD

SINCE THE BEGINNING OF THE NORTH-SOUTH INSTITUTE IN 1976, we have tried through various means and channels to fulfill our mandate to do policy-relevant research on important issues in the field of world development. Our Letters Patent also enjoin us to "provide an independent voice, on the basis of such research, drawing attention to important current and expected issues and giving specific advice to policy makers".

When the new Liberal government announced it would launch a public and comprehensive review of Canada's international relations, it was a particular challenge, and a special opportunity, for the Institute. We were keen to make a worthwhile contribution to a debate which, coming at a time of extraordinary changes in so many aspects of international relations, should set out distinctly new policies for Canada.

A problem facing any contributor to this debate is that there are so many issues and policies that deserve review. During the 1993 election campaign period, the Institute sponsored a series of North-South Forums in six cities across Canada, in an effort to stimulate discussion on world issues. Understandably, these discussions took different approaches in each city. People in Toronto focused on issues of immigration, those in Ottawa spoke about priorities of foreign aid and peacekeeping, while those in Montreal tackled the question of jobs vs. foreign aid.

So, which to choose as a focus for the Institute's own contribution to the foreign policy debate? Even among North-South issues, there were too many important issues to cover in any depth. So we have done what seemed the wise thing, talk about the subjects we know best: international trade, official development assistance, international finance and the special part women should play in world development. This paper has been prepared primarily for the parliamentary review, by the joint Commons-Senate committee on international relations. But we hope it has relevance beyond the work done in the summer of 1994 and can stimulate discussion in places remote from Parliament Hill.

Maureen O'Neil
President

ACKNOWLEDGEMENTS

THIS POLICY PAPER WAS THE PRODUCT OF A COLLECTIVE EFFORT by the staff of The North-South Institute over several months. As well, various ideas were refined in the process of individual researchers working on other projects; for example, on trade policies or on the effectiveness of the multilateral development banks. Ann Weston, director of the trade and adjustment program at the Institute, is the principal author; other contributions were made by Andrew Clark, Roy Culpeper, Heather Gibb, Nona Grandea, Lynne Hately, Joanna Kerr, Maureen O'Neil and Clyde Sanger. Professor Gerald Helleiner of the University of Toronto was, as ever, enormously helpful in commenting on the paper in draft. Rowena Beamish was its principal editor. Anne Chevalier coordinated design and desktop production, and Lady Tinor did the formatting.

INTRODUCTION

C ANADIANS ARE INCREASINGLY AWARE OF THE PROBLEMS which confront the people of developing countries. A tradition of strong aid and diplomatic relationships has been reinforced by the ever-extending reach of the media and a steady flow of immigrants from the South, including refugees fleeing conflict, human rights abuse, environmental degradation and poverty. We cannot ignore developing countries, nor should we. Some of these troubles we share – whether the collapse of commodity prices, the disappearance of fish stocks, the challenge of employment in the face of rapid technological change, or the concern about peace and security. Solutions urgently require collaborative thinking and action.

Equally important, recent experience confirms the enormous potential of the South. With micro-loans women in many countries have moved from bare subsistence to small businesses, earning enough to support their children's education and improved health. Stagnant economies have resumed positive growth rates as a result of new economic policies, political stability, and the reversal of earlier financial outflows. Success in developing countries is not only essential for their citizens, and especially the poorest; it also offers significant opportunities for stronger linkages with Canada.

In such a critical context, The North-South Institute welcomes the Government's foreign policy review. As we enter the 21st century, it is timely to assess **first** the new challenges of development. We recognize that the satisfaction of basic needs now has to be complemented by environmental, political and social objectives. These, in turn, require a major rethinking in the type of policies pursued by developing countries themselves and by donors. A **second** task is to consider Canada's reasons for helping countries to develop. Canadian foreign policy has often attempted to satisfy both domestic and development goals. We believe that Canadian values and interests will be served best by focusing our scarce aid resources on poverty reduction and the promotion of human development. **Third**, we need to review the full range of Canadian policies toward developing countries.

WE RECOGNIZE, AS INTEGRAL TO ALL OUR FOREIGN POLICY, efforts to transform the status of women and to promote human rights and democratization. We recommend greater concentration of our aid efforts, coherence between our aid and non-aid policies, and coordination with other countries. Specifically:

AID

15   Concentrate aid on the poorest – in terms of allocation both by country and program. This will require an explicit strategy to reduce women's poverty.

21   Move away from tied aid . . .

23   . . . and focus instead on broader conditionality.

24   Make greater use of multilateral channels.

27   Restore real growth in our aid levels.

FINANCE AND DEBT

30   Keep global interest rates low.

31   Give Trinidad terms or better to the poorest countries, through the Paris Club.

32   Relieve the poorest of IFI debts.

33   Promote equity flows (portfolio and FDI) to the South.

34   Seek alliances beyond the G-7.

TRADE

36   Liberalize trade with poorer countries.

37   Provide special assistance for the losers.

COHERENCE

CHANGING CONCEPTIONS

WHAT DO WE MEAN
BY DEVELOPMENT?

SATISFACTION OF BASIC NEEDS – NAMELY FOOD, WATER, shelter, health and education – remains a primary objective of development. But over time the concept of poverty has been recognized to be much more complex, requiring a broad array of strategies for its alleviation and eventual elimination. Economic goals – increasing output and incomes of the poor – are still necessary to ensure their access to goods and services. But development thinking now recognizes the importance of many other dimensions.

There is much greater awareness now about the deterioration of the world's physical **environment**. Today's patterns of economic growth have some negative effects on the quality of life (e.g., pollution), while the associated depletion of non-renewable resources and global warming put their long-term sustainability in serious doubt. The challenge is how to ensure these costs are accurately reflected both in national accounts and in economic decision making by individuals and corporations, as well as governments. Societies differ in the value they place on the environment and in the trade-offs they are prepared to accept with economic growth. High (and rising) international norms may only be possible if economically richer societies are willing both to make changes in their own lifestyles and to transfer financial and technological resources to poorer societies.

"Every environmental problem ends up as a development issue once you move to do something about it. You may diagnose the problem in environmental terms, but . . . you address it in development terms: in terms of changes in the development process, changes in our economic behaviour and in the system of incentives and penalties that motivate that behaviour." Maurice Strong, in Brazil '92: Getting Down to Earth, NSI Briefing 1992 – B33, p. 2.

Economic progress means little, and may be unsustainable, without peace and personal security. There is strong evidence that **political rights** such as freedom of expression, freedom from discrimination and the right to organize are important elements in the development of civil society, which in turn plays a critical role in designing and monitoring government policies – i.e., contributing to good governance. Political rights are necessary so that governments are accountable to the people they are meant to serve. While governments remain key agents of change, there is increasing recognition that people outside government, whether as individuals, members of community groups or in business, play a central role. Thus, the political infrastructure to foster the initiatives of outside players is of utmost importance. There may be trade-offs between short-term economic growth and the realization of political rights. But without political empowerment, the long-run stability of economic growth will remain in question.

Another important aspect is the development of **social infrastructure,** whether through the state, voluntary or private sector. The expansion of individual capabilities through education and training, and their maintenance through appropriate health care, are amongst the goals of sustainable human development. Social policies and programs, though intended to improve the quality of life, are also essential both to take full advantage of the opportunities of economic restructuring and to mitigate the negative effects – to ensure that all parts of society benefit from the process of growth.

"Violence against women is the most pervasive abuse of human rights. It exists in various forms in everyday life in all societies." Joanna Kerr, "The Context and The Goal," in Ours By Right. Women's Rights as Human Rights, Kerr (ed.), Zed Books, 1993, p. 4.

These various strands have led to a rethinking about the type and pace of economic reforms pursued in the name of development. The diversity of environmental, political, social and economic contexts in each country underline the need for tailor-made policies rather than a blueprint approach. For example, the relative infancy of industrial development and the narrow tax base in Bangladesh suggest a slower import liberalization than in Malaysia or The Philippines, including the persistence of average tariffs of some 20 percent to 30 percent.

"There is a need to address not only equity in skills formation, but also opportunities to employ such skills with commensurate economic rewards . . ." Nona Grandea, "Meeting Women's Education and Training Needs." Paper prepared for APEC conference, "Gender Equity in Education and Training," Malaysia, April 1994, p. 2.

WOMEN'S EQUALITY AS A FOREIGN POLICY ISSUE

Canada has been proud of its record in putting women's issues on the international agenda. Women have participated in (or led) Canadian delegations across the spectrum of trade, disarmament, human rights and UN affairs, going back as far as the ILO Delegation of 1919. As well, as a consequence of Cabinet pledges in the mid-1970s following the Royal Commission on the Status of Women, CIDA and the departments of Foreign Affairs and National Defence have designated officials with the responsibility to ensure that Canadian policies reflect a national commitment to reduce women's inequality. However, this is complex work, frequently under-resourced, and often tackled as an afterthought to the main policy business at hand.

A renewed commitment to promote democracy, reduce human rights abuse and alleviate poverty requires a visible set of policies to eradicate disadvantages felt by women worldwide. As UNICEF stated in 1992, ". . . a new world order should oppose the apartheid of gender as vigorously as the apartheid of race."

The most notable change is the shift from orthodox structural adjustment policies, because of unacceptable social costs, costs which are particularly onerous for women. In many multilateral agencies there is increased emphasis on social sector spending – e.g., 20 percent of World Bank loans to India are to this sector compared to 1 percent 10 years ago; 50 percent of Bank adjustment lending was devoted to social safety nets and other programs in 1990-92, compared to 5 percent in 1984-86.[1]

"There is growing support for the idea that social policy must be integrated fully and consistently in economic policy. . . Adjustment programs would be designed in such a way as to obviate the need for a separate set of measures, independently financed, aimed at 'mitigating' the negative effects of adjustment . . . budgetary revenues and expenditures would address directly some distributional concerns, employment generation and the promotion of community, infrastructural and rural development." John Loxley, Ghana. The Long Road to Recovery, The North-South Institute, 1991, p. 100.

Within this framework, there is greater recognition of the importance of redistributive policies, targeting social spending at the primary levels and strengthening rural infrastructure. While in some countries the private (including voluntary) sector has much to contribute – the experiences of the Bangladesh Rural Advancement Committee are notable – the state still has an important role to play. Greater emphasis on government accountability, and public participation in the design and implementation of projects and policies will help to improve their acceptability and effectiveness.

WHICH ARE THE
DEVELOPING COUNTRIES?

The end of the Cold War has spawned a view that the Third World or the South, juxtaposed to the West and the East, is no longer an appropriate concept. In fact, extremely uneven patterns of growth had already begun to challenge the commonalities of developing countries. In the late 1980s a Fourth World was emerging – of extremely poor countries, especially in Africa, with low and even negative per capita growth rates, in danger of delinking from the world economy.

Despite the refinement of ideas about development, there is still overwhelming emphasis on per capita income as the indicator of a country's development status and the needs of its people for external assistance. For instance, access to the World Bank's soft-loan window, the International Development Association (IDA), remains primarily dependent on a country's per capita income.[2] The Human Development Index (HDI) launched by the United Nations Development Programme (UNDP) has won wide acclaim as a more accurate indicator of development. But it is still relatively crude (and controversial), based as it is on measures only of longevity and education as well as income (real per capita GDP in purchasing power parity dollars). Attempts to account for other critical dimensions such as gender disparity, income distribution, political freedom and environmental management have not advanced far because of inadequate data and difficulties in assigning values cross-culturally.

Our definition of developing countries – and their separation into sub-categories – still tends to be driven predominantly by economic criteria. It is the additional characteristics – such as style of government, treatment of women, environmental context – which are distinctive and not only determine in each country the nature of Canadian interests but also the appropriate set of Canadian policy responses.

The outstanding economic performance of many countries in **East Asia** – known variously as the Newly Industrialized Countries (NICs) and the emerging NICs, or the tigers and cubs – draws considerable applause, especially from the international financial community, and has raised expectations of most countries in other regions. Indeed, the Chinese Economic Area (including China, Hong

Kong, Singapore and Taiwan) is now considered the world's most dynamic region, a fourth growth pole of the global economy. Economic achievements have usually reinforced social standards, though the costs in terms of environmental degradation and the limited political freedom are rarely factored in. Several question how many of these countries should still be considered developing, part of the South. More relevant is the replicability of their success, and its causes.

In **Latin America**, indebtedness is no longer the debilitating problem it was a decade ago. As a result of widespread economic reforms, several countries have seen the return of positive growth rates and increased social spending (giving the region a higher average human development index than East/South-East Asia), as well as substantial inflows of capital. There has been some progress politically with the return to civilian rule and open elections in many countries. But the potential for instability remains, as recent events in several countries (Mexico, Argentina, Venezuela, Colombia) have underlined. Problems include continuing weakness of domestic social infrastructure and civil society, egregiously unequal income distribution and the marginalization of certain ethnic groups, not to mention the low priority given to environmental goals.

In **sub-Saharan Africa**, the prospects remain the most gloomy. Domestic wars and illegitimate governments have led to large numbers of deaths and refugees, destroyed much physical infrastructure, and diverted government resources and private initiative from the task of sustainable development. Peacebuilding is an essential prerequisite to the resumption of growth. The changes in South Africa provide some optimism about the scope for leadership and change, though enormous challenges remain. Also, in many countries the task of economic and political change has begun with elements of civil society playing a critical role. Regional initiatives are being pursued. But still there are major economic constraints, including a substantial debt-servicing burden, inadequate domestic resources to meet health, education and other social needs, depressed prices for major exports and inappropriate economic policies.

There is a persistent problem of poverty, however inadequately measured. One billion 'absolute poor' have an income of less than a dollar a day, their individual capabilities severely frustrated. They are concentrated in Africa and in parts of Asia and Latin America. Without remedial action by local groups and governments, reinforced by the global community, these numbers are projected to grow. The World Bank's best-case projection for sub-Saharan Africa is that the number of poor will rise by 50 percent to some 300 million people in the year 2000; its worst case is that they will double to 400 million, leaving a disturbing legacy for that continent in the 21st century. In Latin America and the Caribbean, people in poverty will grow by almost a quarter to 130 million. In South Asia the numbers are expected to decline, if export growth and external finance remain unchanged, but they will still be around 500 million.

CHANGING
CANADIAN INTERESTS

WHILE THE CHALLENGES FACING DEVELOPING COUNTRIES ARE widely accepted to be complex and in many cases substantial, a foreign policy review, especially at a time of severe fiscal constraints, requires a reexamination of Canadian interests in the South. Why should Canada be involved? Are our interests changing? Does this require a new set of policy initiatives?

Many Canadians see our involvement in developing countries as complementary to our pursuit of equity and social justice domestically. These and other Canadian values are reflected in the UN Conventions on Human Rights and others such as the Convention on the Elimination of All Forms of Discrimination Against Women (CEDAW), which confer international as well as domestic responsibilities on signatories, including Canada. Canada is a longstanding advocate of global citizenship through its membership of several multilateral organizations and through its bilateral assistance programs.

Although Canada still ranks among the most privileged countries, we face several structural problems similar to those of many developing countries – the difficulties of economic management and the promotion of domestic values in increasingly open economies; how to combine fiscal and social responsibilities, especially for those marginalized by economic liberalization and technological change (minorities, women, children, the unskilled); defence conversion; protection of the environment; and so on.

Choices have to be made within each country, after local analysis and debate. But there is scope for governments and social groups internationally to share experiences, and cooperate in seeking solutions. In many cases, domestic problems in Canada, as in developing countries, may not be effectively resolved without concerted international action. For example, attempts to improve air quality or maintain the ozone layer require North/South collaboration in the introduction of alternative production and consumption patterns (including curbs on per capita consumption in the North and population growth in the South). Measures to regulate massive and destabilizing capital flows will be more effective and avoid isolation if undertaken jointly.

Not only can we not tackle our own problems in isolation, we cannot isolate ourselves from the problems of developing countries. The head of the UNDP, Mahbub ul Haq, coined the phrase "troubles travel" to point out that Canada cannot isolate itself from such global problems as AIDS, drugs and ethnic conflicts.

Thus elimination of poverty, improved social standards, more participatory forms of government and reduced military spending in the South will not only reinforce our own values, but also reduce such threats to Canadian social stability. Lack of support for sustainable development in Somalia clearly magnified the eventual costs of military intervention by the United States, Canada and other countries.

Canadians have changing economic interests in the South. In the early 1980s a major preoccupation was developing countries' debt-servicing capacity; their markets were viewed with indifference, apart from some trade and investment in primary commodities, capital goods and consumer items like clothing. Today, the extremely rapid growth in East Asia (exceeding 8 percent annually for the last decade compared to less than 3 percent in the OECD countries), as well as the new openings in Latin America[3] and South Asia have prompted intense interest in expanding commercial linkages, whether through the North American Free Trade Agreement (NAFTA) or the Asia-Pacific Economic Cooperation (APEC) forum. (Sub-Saharan Africa, however, still attracts little attention.) But Canadian firms have been unable to keep pace with the Southern activities of U.S., Japanese or EU firms, with some noteworthy exceptions (such as Northern Telecom, Spar and Corel in the high-tech sector, Sobeco and Sun-Life in insurance and Bata Shoes, McCain and some mining companies in the resource-based sector). While the share of East Asia has risen, exports to all developing countries remain less than one-third of our total non-U.S. exports, and the composition has barely changed. Yet in our imports from developing countries, the share of manufactured products has increased sharply. The economic restructuring of the South presents Canada with both challenges – in the form of increased competition for our manufacturing sector whether in Canada or in the world market – and opportunities.

How should the government respond? Besides the negotiation (e.g., through the NAFTA or the GATT) of openings to emerging developing country markets, there is mounting pressure to use aid funds to promote business linkages. **We argue that aid tying is not an effective use of development assistance.** Rather, Canadian values and interests, beyond the short-term economic, will be reinforced best by focusing our scarce aid resources on poverty alleviation and the promotion of political, social and environmental standards.

"Canada became a substantially Pacific nation in the 1980s when its trade with Asia surpassed that with Europe. But its interests in APEC go beyond using it as a vehicle to influence economic policies; Canada sees the association as a forum to discuss broad issues of security . . ." Heather Gibb, *Spanning the Pacific for Growth. APEC's 15 economies strengthen their links, NSI Briefing 1993 – B35, p. 1.*

CHANGING CANADIAN POLICIES
TOWARD THE SOUTH

A review of the full range of Canadian interests and policies toward developing countries is long overdue. There has been a simmering public debate about aid levels, effectiveness and choice of channels/countries, driven by budget cuts, the management review of CIDA (the so-called SECOR Report), critical reports from the Auditor-General and from the World Bank on its own project success rate, and leaked official documents. Questions of human rights, the arms trade, and trade policy more generally, have been raised intermittently, while the issue of peacekeeping is high on the agenda today.

Perhaps as a result of fiscal pressures, much of the attention has focused on the aid relationship. This **is** an important component, but there are many other foreign policy instruments which the Canadian government can use to promote development in the South, with different departments playing the lead role and with different levels of funding. The complete spectrum should be investigated. For some countries it may be appropriate to concentrate on trade, to consider mechanisms for trade promotion, not all of which may require budgetary expenditure (e.g., liberalizing markets for services may require no more than personnel time in negotiations). For others, budgetary involvement may be minimal, as in support for training human rights groups. Finally, in the poorest countries, there may be a full combination of aid-funded goods and services, and trade policies.

What is needed is a thorough, country-by-country review of development needs and Canadian interests, and then a selection of the appropriate mix of policy instruments. (Three examples are given in Annex I.)

Here we consider three principal instruments available – aid, finance and trade.

AID

In order to meet the challenges of poverty alleviation we advocate four major policy changes:

- Concentrate aid on the poorest – in terms of allocation both by country and program, with an explicit strategy to reduce women's inequalities.
- Move away from tied aid and focus instead on broader (macro) conditionality.
- Make greater use of multilateral channels.
- Restore real growth in our aid levels.

CONCENTRATE AID ON THE POOREST

Poverty reduction should be the first and overriding priority in Canadian development assistance, whatever the channel used. The North-South Institute is concerned by the inadequate amount of aid available for the poorest peoples. Our research has shown that, somewhat perversely (and contrary to the primary objective of the policy set out in CIDA's most recent and complete policy document, *Sharing Our Future*), a significant share of Canadian bilateral aid goes to middle-income countries rather than the poorest. (This may reflect an attempt to use aid to promote Canadian exports – an issue considered further below.) There is in fact a **negative** correlation between the amount of bilateral Canadian aid per capita a country receives and its per capita income level. This must be reversed.

We need to consider alternative allocation options, as in Tables 1a and 1b. Here we concentrate on the top 40 aid recipients which absorb over 80 percent of Canadian bilateral aid, and on government-to-government transfers – about half of bilateral aid – where the Canadian government has the most discretion. The government is less able to influence allocation in other country-to-country flows, such as non-governmental organizations' programs or research financed by the International Development Research Centre. If we graduated the top 12 middle-income countries, with the exception of The Philippines and Thailand (two lower middle-income countries with large numbers of poor), and redistributed the resources to the 26 poorest countries, we could raise Canadian aid flows to the low-income countries countries by 30 percent (see Tables 1a and 1b).[4] This would be one way of restoring the aid cuts to sub-Saharan Africa introduced in the 1993-94 budget, which are likely further to skew Canadian aid toward the richer countries.

It would also reduce the dispersion of Canadian bilateral aid over a relatively large number of recipient countries, a factor which reduces its effectiveness (see, e.g., Auditor-General of Canada, *1993 Report* and earlier Reports; SECOR report).

Graduation of aid recipients should be celebrated as a welcome achievement, not a punishment. To ensure maintenance of positive diplomatic relations, it would have to be phased in over two to three years. Canada would still have active policies toward graduated countries, but these would be primarily of a non-aid nature. Some aid initiatives could still be available, on a highly selective basis and much more limited in total (say, not more than 5 percent of the annual bilateral aid budget instead of the present 23 percent or so going to middle-income countries). These would be intended to build and sustain a range of relationships between Canada and more advanced developing countries, ranging from academic and cultural exchanges to business linkages and NGO activities. For example, in the case of the environment, joint work on the impact of alternative trade rules, or on the relationship with indigenous rights, could be of benefit to both developing countries and Canada. Work by Canadian and developing-country NGOs on poverty or human rights issues, for example, also has a valuable role to play. Besides their immediate value, such projects help to maintain dialogue with these countries more generally, and may provide useful models for less advanced countries. Finally, many countries would still be eligible to receive financing through the multilateral development banks.

But relations with the non-core countries would be promoted primarily by the Canadian government, through trade and commercial financial flows. For example, export credit would be available – but on commercial terms. If it is considered that this will place Canadian exporters at a disadvantage because of the use of *'crédit mixte'* by other countries, subsidies could be used, but they should not come from the aid budget – rather from other departmental funds (e.g., the Program for Export Market Development). Another example of a non-aid policy which would benefit graduated countries more than others would be the removal of controls on Canadian pension funds and the creation of a public equity investment agency. (These proposals are discussed further in the section "Promote equity flows to the South", p. 33.)

Another way of ensuring that aid reaches more of the poorest is to **concentrate on 'human priority areas'**, i.e., social programs such as primary health and education and basic infrastructure (like drinking water and sewage systems). This should be done in such a way that the disproportionate misery experienced by women is addressed. Difficulties with definitions and CIDA's reporting procedures make it hard to determine exactly what share of Canadian bilateral aid has gone to such programs, but there is no doubt that it is insufficient. The North-South Institute calculates that only 5 percent of our bilateral aid to the 10 countries with the largest number of poor is in these areas, while the share for all Canadian bilateral aid is around 10 percent. The UNDP has set a target of 20 percent for donors, to be matched by recipient countries dedicating 20 percent of their budgets to the same areas – broadly similar to the Liberal Party suggestion of 25 percent for basic human needs (see Annex II). The importance of social programs to development will be underlined in the 1995 World Summit for Social Development (see also box, "Trade and Human Rights," p. 40).

Table 1a (Option 1)
Alternative Aid Distribution Among Top 40 Recipients of
Canadian Government-to-Government Aid (1989-91)

Country group	Current (1991-92) $mn	%	Option 1 (1994-95) $mn	%
26 low-income	658.2	72.5	862.5	95.0
Philippines and Thailand	45.7	5.0	45.7	5.0
12 other mid-income	204.3	22.5	0	0
Total	**908.2**	**100.0**	**908.2**	**100.0**

Table 1b (Option 2)
Alternative Aid Distribution Among Top 40 Recipients of
Canadian Government-to-Government Aid (1989-91)

Country group	Current (1991-92) $mn	%	Option 2 (1994-95) $mn	%
Low-income Africa	315.6	34.8	406.9	44.8
Low-income Asia*	350.4	38.5	452.3	49.8
Low-income Americas	37.9	4.2	49.0	5.4
12 other mid-income	204.3	22.5	0	0
Total	**908.2**	**100**	**908.2**	**100**
All Africa	445.1	49.0		
All Asia	367.6	40.5		
All Americas	95.5	10.5		
Total	**908.2**	**100.0**		

*Low-income Asia includes in this scenario The Philippines and Thailand.

Option 1

Assume no government-to-government aid to middle-income countries,[a] with the exception of The Philippines and Thailand because of their large population of poor. Middle-income aid is entirely redirected to the existing 26 low-income recipients[b] of the top 40 recipients of Canadian aid. Countries with less than 1 million people are excluded from the analysis.

Option 2

Assume no government-to-government aid to middle-income countries, with the exception of The Philippines and Thailand, incorporated in low-income Asia. Middle-income aid is redirected to the three regions in proportion to the share of bilateral government-to-government aid to low-income countries that each region received in 1991/92. Countries with less than 1 million people are excluded from the analysis.

[a]Middle-income countries among the top 40 recipients of Canadian government-to-government aid (1989-91) include Bolivia, Cameroon, Costa Rica, Côte d'Ivoire, Gabon, Jamaica, Jordan, Morocco, Peru, Senegal, Tunisia, Zimbabwe.

[b]Low-income countries include Bangladesh, Burkina Faso, China, Egypt, Ethiopia, Ghana, Guinea, Haiti, Honduras, India, Indonesia, Kenya, Malawi, Mali, Mozambique, Nepal, Nicaragua, Niger, Pakistan, Rwanda, Sri Lanka, Sudan, Tanzania, Uganda, Zaire, Zambia.

Canadian NGOs may be better placed to reach, and work with, the poorest people than is an official aid agency operating through governments or a private sector firm.[5] Moreover, the example of Northern NGOs has been invaluable in encouraging the growth in the South of grassroots NGOs, sometimes in strong partnerships with the Canadian organizations (as in the case of the Philippines-Canada Human Resources Development, or PCHRD, program). Of course, not all projects are appropriate for NGOs. There are some projects (say, in integrated rural development) whose size is beyond the capacity of an NGO; and there are others, such as road maintenance or social assistance schemes, which could well be handed on to local governments, where these are functioning.

"NGOs tend to share a distinctive concept of development which is people-centred, poverty-focused and self-reliant." Tim Brodhead et al, *Bridges of Hope? Canadian Voluntary Agencies and the Third World, NSI, Ottawa, 1988, p. 46.*

The private sector should play a role also, drawing on the experience of NGOs. One striking recent example is offered by the Bank of Nova Scotia in Guyana, adapting the model of the Grameen Bank in Bangladesh. In May 1993 the bank's new micro-credit division, Scotia Enterprises, began making its first loans of US$130 without collateral to small-scale entrepreneurs, in particular women, who organize themselves in groups to assure repayment. Within three months, more than 600 loans had been made and 720 savings accounts opened. This and other examples show that poverty-oriented development is not only equitable; it also makes good business sense. Another interesting example is the Canadian Exporters' Association program of support for small black businesses in South Africa.

"Few Canadian corporations would perceive their role as 'developmental'. Yet most 'do development' in the course of their daily business operations, often unwittingly. They affect local policies and institutions and influence social and economic conditions." Martin Connell in *"Beyond Philanthropy: Corporate Responses to Third World Development Priorities," in NSI, The Canadian Private Sector and Third World Development, Ottawa, 1987, p. 30.*

MOVE AWAY
FROM TIED AID . . .

Untying aid from Canadian commercial objectives is essential to allow CIDA to focus more concertedly on poverty alleviation. In fact, increasing the share of our aid to the poorest countries and to social programs or even small-scale income generation projects will diminish the scope for linking it to Canadian goods and services. Aid which is supply-driven is not the most effective way of meeting basic needs, and can be difficult for the recipient country to absorb.[6] Also, the lower cost of goods and services procured elsewhere will increase the real value of Canadian aid transfers – according to the World Bank, tying imposes a tax of some 15 percent on every aid dollar.

The OECD calls this a serious systemic flaw in most developed country aid programs, which not only flies in the face of attempts to increase efficient use of scarce public resources, but also contradicts efforts to strengthen multilateral trading principles.[7] (GATT members traditionally have exempted their ODA programs from any liberalization of public procurement.) **Canada should support the moves within the Development Assistance Committee (DAC) to clarify the extent of aid-tying by different donors and to curb its use.**

Under the present Canadian system, excluding food aid, up to half of bilateral aid to the poorest countries and all countries in sub-Saharan Africa may be untied, while the share is a third for other countries. This is primarily intended to increase the amount spent on goods and services procured in the recipient or neighbouring countries, and thus help to build Southern capacity. Such partial untying is distinct from complete untying which would allow Canadian aid to be spent on goods and services from more competitive developed country suppliers. As Table 2 shows, judging by the 'partially untied' category, the share of Southern procurement has risen, but the fully untied share of bilateral aid has fallen slightly to well below the level in the U.S. or the DAC. (NB: the relatively high share of multilateral aid in the Canadian total, most of which is untied, brings Canada's untying performance closer to the average.)

Ideally, we believe that there should be no limits placed on CIDA officers as regards Canadian procurement. Practically, we recommend that the limits be reversed, i.e., converted from a ceiling

to a floor – there would be competitive bidding for contracts covering at least one-half of aid to the poorest. This would still leave a large amount available for Canadian agencies. And here the criterion for choice of supplier should be ability to alleviate poverty, rather than promotion of Canadian business (or NGO) linkages.

For the same reasons we oppose a U.K.-style aid-trade fund.[8] The U.K. experience suggests that it is unlikely to restrain business pressure on the rest of the aid program. More importantly, its development impact is questionable, as shown by the recent controversy over the Pergau dam in Malaysia; it is usually an expensive way of doing aid. There is no systematic evidence that it would be an effective way of promoting sustained Canadian business linkages with developing countries. Moreover the procurement records of the multilateral development banks show that Canadian firms are adept at winning business through competitive bidding; unfortunately they do not tend to enter bids as often as firms from other countries. Finally, experience in agriculture shows that we cannot compete with U.S. or EU trade war-chests.[9]

Table 2
Bilateral ODA Tying Status

	Canada 1987	Canada 1990	U.S. 1990	DAC 1990
Fully untied	45.2	38.8	69.5	60.6
Partially untied	6.4	18.0	7.9	6.6
Fully tied	48.4	43.2	22.6	32.9
Total bilateral	**100.0**	**100.0**	**100.0**	**100.0**
(Share of Multilateral in Total ODA)	(32.4)	(34.4)	(12.7)	(22.0)

Source: A. Clark and M. Arnaldo, "Preliminary Report on Implementation of *Sharing Our Future*," Ottawa, The North-South Institute, 1993 (mimeo), Table 32a; and OECD, DAC, *1992 Report*, Table 33.

... AND FOCUS INSTEAD ON
BROADER CONDITIONALITY

Besides removing aid from the pressure of Canadian goods and services, we argue that Canadian aid would be more effective if CIDA moved beyond micro-managing projects to focus on broader policy objectives at the country level. For example, stable economic policies in partner countries are needed to ensure that aid will not replace flight capital but supplement domestic savings, and to reduce longer-term aid dependence. Diminishing the share of military spending in their government budgets may reduce fungibility (i.e., aid flows allowing the government to shift spending to defence). Similarly, promoting transparent and accountable government (e.g., by strengthening local Auditor-General offices) is important in reducing the scope for misuse of aid funds.

In addition to focusing Canadian project aid on the poorest, we need to ensure that our other financial support, whether bilateral or multilateral, is used not to undermine social programs and poverty alleviation, as seems to have happened with economic conditionality in many countries, but on behalf of poverty reduction.[10] Reaching the poorest will require not only changing priorities in Canada but also encouraging developing countries to change theirs; for example, to give greater attention to the informal sector in the urban and rural areas, to women, to social rather than military spending, and within social spending to primary education and health care rather than secondary or tertiary. As well, respect for human rights, as last June's UN Conference underlined, should be viewed as central to a country's sustainable development. Canada should continue to experiment with support for democratic development.

Larger donors may have greater scope than Canada for persuading recipient governments to adopt the policies necessary to complement aid efforts. An important factor is recipients' reliance on aid. For most regions and countries, especially middle-income, the share of net aid to GNP is 1 percent or less, though for the least-developed and sub-Saharan African countries, it is 11 percent, and in the case of major Canadian beneficiaries (i.e., the top 24 low-income), the median is 12.6 percent.[11] (The share of aid in foreign exchange flows may be a more accurate measure of leverage.) Canada's influence is further limited by the fact that in most countries it ranks fourth or lower among Western donors. The exceptions are Guyana (where we are second largest with 44 percent of total bilateral ODA), Jamaica and Ghana (third with 11 percent, in both cases) and Bangladesh (third with 9 percent).[12]

MAKE GREATER USE OF MULTILATERAL CHANNELS

In many circumstances, Canada may best achieve influence through cooperation with other countries, either through donor coordination groups, or through the multilateral development banks (MDBs). Similarly, our capacity to influence a country's human rights performance through trade sanctions will be minimal unless the majority of other trading nations follow suit.

Canada should maintain its broad support of the multilateral agencies which provide a vehicle for effective pursuit of several foreign policy goals, well beyond the boundaries of our unilateral capacities. They are particularly important in terms of enhancing our relations with developing countries. At the same time Canada should use its unique position to press for reforms within these organizations.

"For all the problems from which multilateral aid has suffered, in comparison to bilateral aid it can pool far larger financial and technical resources, and can reduce the influence of national economic and political interests in North-South relations."
David R. Protheroe, A Microscope on Multilateral Aid, NSI Briefing – B32, 1991, p. 1.

Greater coordination with other donors can be achieved through the multilateral agencies, including the MDBs. Besides offering administrative economies for donors, and an opportunity to spread the risk in testing new approaches to development, multilaterals diminish the demands on recipient countries' scarce management resources by reducing duplication and even contradiction. They can increase the efficiency of aid via their policy of untied procurement. They are less subject to blatant political ends than bilateral agencies, and thus are a useful vehicle for North/South and even South/South dialogue.

Canada is already an active participant in the GATT, the United Nations and specialized agencies, including the international financial institutions. The multilateral share of total Canadian aid has remained around 33 percent, though within this, the share of the IFIs has risen slightly (by nearly 2 percentage points) since 1988-89 to 18.5 percent (1990-91), partly as a result of the long-term nature of commitments to these organizations. As a corollary, the share of other UN agencies has fallen.

This changing pattern has prompted criticism. In the NGO community, there has been disagreement over the economic prescriptions of the IFIs and the potential environmental consequences of some mega-projects they have financed. Dissatisfaction with their accountability structures has been coupled with a preference for the types of policies and projects pursued by other multilateral bodies (e.g., UNICEF). Within government, questions have been raised about Canada's leverage over IFI policies and their effectiveness, prompted by recent reports of non-performing loans (such as the evaluation of the World Bank by its former vice-president Willi A. Wapenhans). The business community prefers bilateral aid as more accessible to Canadian procurement – or increased tying of multilateral aid to Canadian goods and services through greater use of 'trust funds'.[13] Such vehicles fragment the procurement procedures and undermine a major advantage of multilateral assistance – its ability to source at lowest cost, making scarce aid resources go further.

Membership in organizations like the regional development banks provides Canada with influence greater than could be obtained through its bilateral programs. Also, the development banks' procurement of Canadian goods and services through open bidding is high, showing Canadian firms do not always need subsidies to sell to the Third World.[14] Canada, together with other like-minded countries (the Nordics and The Netherlands) should lobby for changes within the Banks, to curb administration costs, improve accountability structures, raise participation by developing countries, and promote pro-poor policies, whether in terms of economic or political rights. These options would be diminished by a reduction in our contributions and the associated possibility of Canada losing its seat on the Executive Boards of one or more of the Banks.

In an era of shrinking aid budgets, the choices between multilateral and bilateral aid are perhaps starker than in the past. These choices should be informed by more public discussion about Canada's objectives, strategies and contributions multilaterally, as opposed to bilaterally.

> "A multilateral approach to democratic development may help reduce understandable LDC sensitivities regarding sovereignty and the imposition of alien values." G. Schmitz and D. Gillies, The Challenge of Democratic Development, NSI 1992, p. 94.

Greater transparency to the Canadian public could be achieved through regular public reporting by the Canadian Executive Directors (on their action at Board meetings to promote Canadian policies, for example on poverty alleviation and human rights), and by creating external mechanisms for review of projects. The World Bank has taken some steps in this direction – with the creation of a Public Information Center in mid-1993 to provide access to information about Bank projects and programs at an early stage, an Independent Inspection Panel and Ombudsperson for dealing with complaints and the NGO-Bank Working Group. The Canadian government needs to complement this action domestically, to help build up a constituency for the multilaterals.

Questions have been raised about the economic reforms required of developing countries before they are able to draw upon multilateral funds, or gain the multilateral seal of approval needed to access bilateral and private sector funds. The effectiveness of these policies in economic terms and their appropriateness to meet a more human-focused set of objectives needs to be examined, as do the types of financial instruments on offer. **Canada should follow the Scandinavian example of encouraging (and financing) developing countries to seek 'second opinions' on appropriate development strategies, for discussion with other donors and the MDBs.** For low- and middle-income countries with structural balance-of-payments problems, such as those in the former Eastern bloc, the use of short-term stand-by arrangements is questionable, as it may lead to repayments falling due before the economy is restructured. Additional resources in the form of a contingency fund in the World Bank, for example, may therefore be necessary. (The issue of multilateral debt is addressed below.)

Besides the MDBs, many other multilateral agencies are involved in promoting both Canadian and developing country interests in the globalizing economy – some more effectively than others. The GATT, UNCTAD and the ILO, to name a few, have already been mentioned. While the areas of responsibility of these various bodies increasingly overlap, their capacity to deal with difficult economic issues, in an equitable and democratic way, and contribute to global economic security, appears to be diminishing. Yet, as **national** powers of discretion over flows of capital, goods and services are reduced, it is all the more urgent that **international** agencies are able to assume some of these functions. (This presents another challenge – ensuring ordinary citizens have a say in such agencies.) The UN may play an important role here in the early years of the next century, going beyond the rationalization and coordination of its various agencies, to the creation of a Global Economic Council. To be effective, this would require a complete overhaul of the distribution of powers between the World Bank, the IMF and the rest of the UN system.

"The very complexity and political sensitivity and universality of issues such as economic reform, gender impact, the environment and governance make multilateral approaches far more appealing than bilateral assistance as a channel for development cooperation." Roy Culpeper, "Canada and the Multilateral Development Banks." Paper presented at the 1993 CASID conference, Ottawa.

RESTORE REAL GROWTH
IN OUR AID LEVELS

The aid budget has been hit disproportionately in recent years. Nearly $5 billion – equal to double a year's aid – has been cut from projected growth over the 1989-96 period. This is roughly a third more than the relative reduction in defence spending during these years, even taking into account the cuts announced in the 1994-95 Budget. These repeated reductions have played havoc with CIDA's planning and disbursement process (see Auditor-General of Canada, *1993 Report*). Canadian aid has failed to keep up with GNP growth with the result that our target of aid equal to 0.7 percent GNP persistently has faded into the future. The latest North-South Institute projections on the basis of the *1994-95 Budget Estimates* are that the aid-to-GNP ratio will fall to 0.39 percent this year, 0.37 percent in 1995-96 and 0.35 in 1996-97 (see Chart 1). More useful than the distant 0.7 percent target would be agreement on a minimum real growth in our aid program. For example, as a minimum, **we suggest commitment to the 2.4 percent real annual growth rate recorded in the 1980s for total developed country aid.**[15] Were Canadian GNP growth to exceed this level, however, we would argue for commensurate growth in ODA.

CHART 1
CANADIAN ODA/GNP RATIO
1970-71 TO 1996-97

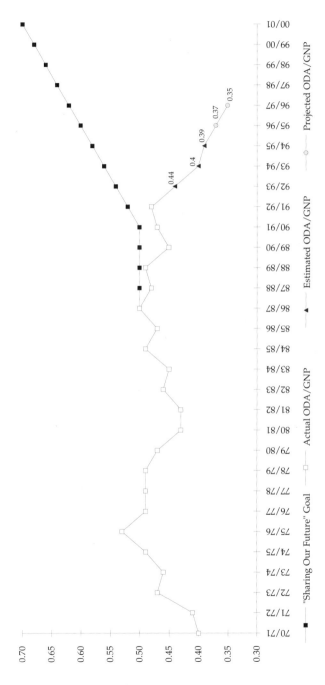

Source: CIDA, *Annual Report 1991-92*; The North-South Institute.

FINANCE AND DEBT

I T IS CRITICAL THAT RESOURCE FLOWS TO THE SOUTH SUPPORT its domestic efforts to combine difficult economic reforms with more pluralistic forms of government. "In view of the high stakes, and the obvious interest of developed countries in successful reform, every effort should be made to ensure that reform does not founder under the weight of debt servicing, or owing to shortfalls of foreign exchange".[16] For this reason we propose four initiatives on finance and debt.

Canada should:

- Seek commitment through the G-7 to low and stable global interest rates.
- Promote Trinidad terms and better for the poorest countries, through the Paris Club.
- Relieve the poorest of IFI debts.
- Promote private equity flows (portfolio and FDI) to developing countries.
- Seek alliances beyond the G-7.

KEEP GLOBAL
INTEREST RATES LOW

In recent years there has been a remarkable resurgence of private flows to the South, especially to a few Latin American and Asian countries, though some low-income countries (China, India, Indonesia) shared in it. Much of this has been invested in short-term holdings, to take advantage of the real interest rate differential offered to investors in the South, but a growing amount is flowing into equity investments as pension and mutual funds seek growth and diversification in overseas markets.[17] In discussions of monetary issues within the G-7, Canada should insist that due consideration be given to the global economic impact of G-7 interest rates and, in particular, to the probability that as their economies begin to recover and inflation resumes, interest rate increases would likely reverse the capital flow. This in turn could jeopardize the liberalization and restructuring underway in several countries, and precipitate yet another debt crisis in countries which have only just emerged from the debt problems of the 1980s. Moreover, it puts at risk the savings of a growing number of Northern investors. Low and stable interest rates in major economies, on the other hand, will help to maintain demand for developing country exports and to curb international debt-servicing costs.

GIVE TRINIDAD TERMS
OR BETTER TO THE POOREST

Northern fears of a banking crisis associated with Third World debt generally have subsided, while the growth of Third World debt has tapered off and debt servicing diminished with exports rising faster than debt coupled with increasingly concessional terms, the decline in real interest rates and various debt-reduction initiatives. Yet outstanding debt represents a continuing stranglehold for some 60 developing countries, many of them in sub-Saharan Africa. Unless it is reduced, their attempts at economic recovery will falter, with real human costs. Per capita income, which in Africa has fallen below the level recorded in 1960, will deteriorate further. Debt servicing not only absorbs resources otherwise urgently needed for consumption and investments to improve future prospects; the tax implications of a large debt overhang is another deterrent to domestic and foreign investors. And debt negotiations divert government officials from more productive purposes.[18]

Sub-Saharan Africa's debt amounts to $200 billion, more than two-thirds the region's GNP, and equal to 237 percent of exports in 1993; in 1980 the debt:exports ratio was 91 percent. Actual debt servicing by SSA countries is projected at 13.5 percent of their export earnings in 1993, even though barely half of the debts were fully serviced, thus adding to the region's debt overhang.[19] The bulk of this debt is official – owed to other governments (in the Paris Club[20]) and multilateral organizations. To date, Canada and others have agreed to write off half of official bilateral consolidated eligible debt (under the so-called 'Enhanced Toronto' terms) on a case-by-case basis, although this is being done very slowly and the issue of debt stock is still not being addressed.[21] Non-concessional debt owed by low-income countries to the EDC and the Canadian Wheat Board – of about $1 billion (the exact numbers are not published) – is being rescheduled. But this process has been time-consuming to negotiate and has failed significantly to improve the cash-flow to SSA as debts falling due after a certain date were exempted.

The U.K. has proposed more generous Trinidad terms, for the cancellation of two-thirds to 80 percent of debt, including recently accrued, for low-income countries. Other major donors have yet to endorse this package. The U.S. prefers a 50 percent cut, in line with the relief provided by donors in 1992 for Poland and Egypt – which will cost Canada over $3 billion over the next two decades.[22] **Canada should show its support of the British proposal, by taking unilateral action, at an expense of about $100 million.** Cancelling all debt owed to Canada by the poorest would cost $250 million.

RELIEVE THE POOREST
OF IFI DEBTS

Of particular concern is the increasing debt owed to the multilateral agencies (the IMF, the World Bank and the regional development banks). In the 1980s this tripled, to account for a fifth of total developing-country debt and 40 percent in the case of the poorer severely indebted countries. A perverse result has been that the developing countries are now a source of ill-timed and vastly premature net transfers back to the multilaterals, which themselves were created to increase Third World access to capital.[23] On occasion donors have used their aid budgets to service IFI debt and pay off the arrears of countries with severe foreign exchange shortages, to allow them to obtain new (and more concessional) credit from the IFIs. Canada took the lead in the support group for Guyana.

A more stable solution would be to convert outstanding bilateral and multilateral debt to very soft, IDA terms (10 years' grace, 40 years' repayment, 0.75 percent interest rate), conditional on the achievement of certain policy targets.[24] Making all IMF resources available to low-income countries at these low rates, financed from the sale of IMF gold, would diminish the creation of debt burdens and an eventual drain on aid budgets. Another is to transfer debts owing to the IMF, predominantly a source of short-term capital, to the Bank where some of the net income (or profits), rather than aid, could be used to provide interest relief.[25] By acting on the debt problem now, Canada, and other donor countries, will minimize the demands for increasing assistance in the future.

PROMOTE EQUITY FLOWS
TO THE SOUTH

In addition to the various points raised above – stabilizing Northern interest rates, removing the bilateral and multilateral debt overhang – there are several policy measures which Canada could undertake unilaterally or with others to stimulate the flow of equity to the South. Removing the limits on pension fund investment overseas – from the present 20 percent ceiling – would bring Canada in line with other countries like the U.K. and would likely lead to more such funds being invested in new emerging markets. Canada might also consider establishing an entity like the U.K.'s Commonwealth Development Corporation or Germany's Deutsche Entwicklungsgesellschaft – both public development finance corporations assisting enterprises in developing countries. This could mobilize our own private sector to become more involved as equity investors in development. Besides some technical assistance there would be few costs to the government as the capital transactions would not affect the budget. Finally, helping countries to develop the infrastructure to regulate financial markets will increase investors' confidence. **At the same time it is important that Canada work with other countries to ensure that equity flows contribute to the development of their host country, for example by resurrecting negotiations in the UN on the Code of Conduct on Transnational Corporations.**

"Government participation in an equity development agency would ensure consistency with Canada's aid and foreign policies and . . . good corporate behaviour in projects it supports." Roy Culpeper and Michel Hardy, Private foreign investment and development. A partnership for the 1990s? The North-South Institute, 1990, p. 42.

SEEK ALLIANCES
BEYOND THE G-7

Since 1976, the heads of government – and their finance ministers since the 1980s – from the seven largest Northern industrial countries (the United States, Japan, Germany, France, the United Kingdom, Italy and Canada) have convened annual meetings to discuss world economic problems and to exchange views on their own economic policies.

As an informal mechanism to coordinate their policies, the G-7 have had only limited success – witness the continuing friction between the United States and Japan on trade issues, and the long-standing dispute on European agricultural policy.

It has been more cohesive when dealing with problems of non G-7 countries, especially where these have posed a threat to the members of the G-7 themselves. The Third World debt crisis during the 1980s, the Gulf War in 1990 and the transition problems of the former Soviet bloc to market-based economies in the 1990s all prompted a more or less uniform G-7 policy response. They carefully coordinate their positions on such issues at the International Monetary Fund and the World Bank, and have a profound influence on the agenda. Leadership over the group is exercised by the United States.

Yet what is good for the G-7 is not necessarily best for the world as a whole. The seven may produce two-thirds of world GNP, but their citizens represent less than 13 percent of the world's population. Thus, the G-7 strategy to contain possible damage from Third World debt may have helped to safeguard Northern banks, but it did so at the cost of years of deprivation for the peoples of Latin America and Africa.

Moreover, while Latin America is slowly emerging from debt, sub-Saharan African countries are still staggering under a debt load of $200 billion, owed mostly to Northern governments and international organizations. The G-7 have been far less concerned about this remaining part of the debt problem, since it does not threaten the Northern financial system. In contrast, substantial debt relief was given to Egypt, to reward it for supporting the Allies in the Gulf War, and to Poland as the first country to make the leap from a centrally planned economy to market capitalism.

The G-7's attempt to function as a 'World Economic Directorate' has generated few visible benefits. The experience of the last 18 years suggests that the G-7 should restrict their discussions to settling issues among themselves, and resist the temptation to impose solutions on the other 87 percent of humanity.

Canada is easily the smallest of the G-7, measured either by total GNP or by population. There is little evidence to suggest that Canada has much influence in the group. Indeed, Canadian membership is often seen as an extra counterweight which the United States can call upon against the combined forces of the Europeans. This makes it difficult for Canada openly to oppose American policy or to advocate bold initiatives which may not serve the American interest. The principal (but limited) benefit Canada obtains is that it is privy to important decisions on economic and financial issues, and is able to adapt its own policies accordingly.

In the emerging multipolar world, it makes sense to attempt to democratize the institutions of global governance and to include as many different countries in the decision making as is practicable. Shifting coalitions, rather than rigid blocs, may better represent underlying realities and interests. For example, Canada may be better served by entering a coalition with the Nordic countries and The Netherlands (the 'like-minded group') on development and aid issues. It may also wish to form strategic alliances with other middle powers, including some developing countries.

All this does not mean terminating Canada's membership in the G-7. Rather, it means a willingness to pursue Canadian objectives more pragmatically with other countries, both inside and outside the G-7.

TRADE

We have identified two broad trade themes.

Canada needs to :

- Further liberalize trade with developing countries, particularly to benefit the poorest countries and people.

- Ensure that those bearing any adjustment costs have access to adequate social safety nets.

LIBERALIZE TRADE
WITH POORER COUNTRIES

Substantial gains would accrue to developing countries through the removal of trade barriers in Canada and elsewhere. Present policies discriminate against the very products which developing countries are most suited to export (and in some cases are trying to export with CIDA assistance.[26]) The most glaring contradictions are the present restraints under the Multi-Fibre Arrangement (MFA) on imports of clothing from Bangladesh – our largest aid recipient – even though Bangladesh accounts for a minuscule share, well below 1 percent of the Canadian market. If Canada lifted these unilaterally, the net gain to Bangladesh would equal $370 million, nearly triple our government-to-government aid level.[27]

Besides protection of clothing, there is an array of measures from escalating tariffs to anti-dumping measures, which disproportionately target developing-country products. Canadian tariffs on such products are generally higher than those of the U.S. or the European Union. Canadian anti-dumping duties on imports from developing countries from 1985 to 1992 averaged 42 percent, more than four times the average Canadian tariff on Southern products. Often in place for more than nine years, they have caused a significant drop in market share for the affected exporters.[28]

Such policies in Canada and other developed countries inhibit the economic restructuring underway in developing countries and risk its sustainability. Several countries are experiencing serious balance-of-payments problems as their import liberalization has been more radical than in the North, and led to growth in imports outstripping exports. There is a danger, however, that increased use of anti-dumping duties in the North will lead to the proliferation of similar schemes in the South, creating uncertainty for Canadian exporters.

Changes in Canadian trade policies are an important complement to Canadian aid policy. Major steps have been taken in the Uruguay Round, whether in terms of cuts in tariffs and agricultural subsidies, ending the 'voluntary' export restraints of the MFA, controls on the use of anti-dumping and countervailing duties or establishing rules for trade in services. These are projected to produce net income gains for developing countries of some US$70 billion annually – roughly 3 percent of their annual export earnings and more than their annual receipts of aid.[29] But some changes will be phased in slowly (e.g., the MFA will be terminated over 10 years), while others will only be partial (tariffs, agricultural subsidies). Moreover, there is strong evidence that the benefits and costs will be very unevenly distributed; thus trade cannot substitute for aid.

PROVIDE SPECIAL ASSISTANCE
FOR THE LOSERS

Sub-Saharan Africa, according to virtually all available studies, will be a net loser in the Uruguay Round, at least in the short-term (of some $2.6 billion according to the OECD/World Bank). Increases in some exports and gains from domestic rationalization will be more than offset by losses of preferred market access for other exports and more expensive imports of food, technology and pharmaceuticals. Two important ministerial decisions were reached in the final throes of the negotiations. For net-food importing countries and the least-developed, it was agreed to ensure availability of food aid and financing for commercial food imports. A broader commitment for the least-developed countries involved a reinstatement of their special and differential status in the GATT. They will not be required to open their economies, or protect intellectual property rights, as soon nor as much as others.

Canada and other GATT members also agreed to assist least-developed country exports by early implementation of Uruguay Round openings, further improvements in preferential tariffs, special consideration in the use of emergency import restrictions, and substantially increased technical assistance in export promotion. Specific suggestions for Canada to realize this commitment are given in the Box, "Elements for a Canadian Action Plan . . ." (p. 39).

Further measures may be required for countries like Zimbabwe which fall outside these categories of net-food importing and least-developed countries, yet face trade difficulties. Aid in the development of export capacity and infrastructure is also needed to take advantage of the new market openings, and to address the serious terms of trade losses of commodity exporters, which cost Africa alone some **$13 billion** (in 1980 dollars) annually in the 1980s, equal to total ODA grants to non-oil exporting countries in Africa in 1992.[30] Financial compensation (more accessible and generous than the IMF's contingency facility or the EU's Stabex funds) could be used to promote diversification into more promising products or markets.

There is substantial further work for the GATT on new issues such as competition policy (which may take care of the remaining problems with anti-dumping duties), environment and labour, and the implications for developing countries, as well as older issues like export subsidies. Attention should be paid to environmental impacts and working conditions in the production of exports, as much as in other sectors. But we need to ensure that the use of trade remedies to promote environmental and labour standards does not unduly discriminate against developing countries, and that appropriate financial/ technical assistance is available, as described in *Trade and Sustainable Development Principles.*[31]

"Preliminary evidence from Canadian import statistics suggests there has been diversion from the rest of the world, especially in product categories generally produced by developing countries . . ." Ann Weston, The NAFTA Papers, NSI, 1994.

The NAFTA may open the way to closer trade with a developing country (Mexico), but it is not open to the bulk of our aid recipients, let alone all developing countries. This is why Canada may consider unilateral action to help their trade. Domestically, the NAFTA debate has illustrated that, even if overall Canadian welfare will increase with more trade with the South, mechanisms must be in place to ease the transitional problems of adjustment, especially for lower-skilled workers employed in labour-intensive industries. Canadian adjustment costs, however, should not be borne by the aid budget. First, other resources should be available to this end as the economy experiences overall net gains. Second, it is trade with richer countries, not our aid recipient countries, that will present greater adjustment challenges (though both will be less than the impact of changing technology and demand patterns).

ELEMENTS FOR A CANADIAN ACTION PLAN ON LEAST DEVELOPED COUNTRY TRADE

- Bring an immediate end to restraints on least-developed country clothing exports to Canada.

- Extend duty-free treatment to **all** imports from the least-developed countries (instead of the present zero duty limited to products covered by the General Preferential Tariff).

- Rewrite the Special Import Measures Act to allow for special treatment of least-developed country products in import relief cases.

- Provide additional funds (to existing aid to LLDCS) for trade promotion through the Trade Facilitation Office, the Chambers of Commerce, or alternative trade organizations like Bridgehead (perhaps through the creation of a working capital fund).

TRADE AND HUMAN RIGHTS: THE CASE OF THE NAFTA AND CHIAPAS

Many Canadians were shocked by the violent response of the Mexican armed forces to the uprising in the state of Chiapas on the day the NAFTA came into force. Several observers have commented that there are no provisions in the NAFTA on which to base a response. Critics of the NAFTA argue that this fundamental weakness is yet another reason for abrogation. Advocates argue that free trade has to be kept separate from internal domestic problems, though by stimulating Mexican growth the NAFTA improves the prospects for people in Chiapas.

Both are wrong. Regional integration brings with it new interests in and responsibilities for the internal affairs of each other's country. The side-agreements on environment and labour illustrated this. Business cannot prosper in a state of extreme poverty and civil unrest.

Similar issues are likely to surface as the NAFTA is extended to include other countries in the hemisphere, so it is important to deal with them now. The burden of adjustment in poorer countries should be eased by asymmetrical liberalization, i.e., Canada and the U.S. liberalizing imports more rapidly, while allowing longer phase-in periods for sensitive, labour-intensive sectors in new member countries. Besides ensuring that adjustment assistance is available to those whose livelihoods are threatened, broader social policy initiatives are necessary to increase the number of people able to take advantage of the NAFTA. These include improved access to education and health care as well as credit and land. Scarce national resources may be supplemented by the Inter-American Development Bank.

It is in the interests of all three countries – and in keeping with their international obligations – to create an ad hoc mechanism to address issues such as human rights, including political, economic and social rights. Beyond information-gathering, an objective would be to consider strategies for enforcing and improving standards. Various sanctions are possible, such as the suspension of official export credit; new rules however, would have to be negotiated to allow the withdrawal in extreme cases of trade privileges.

COHERENCE

We need to:

- Create structures within government to ensure greater coherence between our different policies toward developing countries, including the adoption of a country-strategy framework.

- Strengthen cooperation outside government between different development partners.

CREATE GREATER COHERENCE
WITHIN GOVERNMENT . . .

It is critical to ensure greater coherence between all of Canada's relations with developing countries. Too often, policies in one area fail to take into account the possible implications for our development efforts (or vice versa), whether as a result of inadequate time, inter-departmental competition, or ignorance. At best this can mean that possible synergies are wasted. At worst fragile development efforts are undermined.

For example, Canadian development policy objectives should be reflected in the pursuit of Canadian trade with developing countries. Arms exports may contradict attempts to persuade governments to reallocate resources from defence to social spending. Publicly funded support of trade with Indonesia should be consistent with Canadian official promotion of human rights (and Canadian obligations arising out of Canada's signature of the Human Rights Conventions). Companies delivering aid should be required to conform to a code of conduct. An example of coherence in the other direction would be the contribution of CIDA's development expertise to Canadian defence policy, as in peacekeeping or humanitarian relief activities.

There have been some successful attempts to foster greater coherence, as in the preparations for the Rio Summit on the environment. **We recommend that more active and regular use be** made of the Interdepartmental Committee for Economic Relations with Developing Countries (ICERDC). For instance, ICERDC could debate and evaluate Canadian trade policy options, with CIDA playing a more active part, highlighting the implications for developing countries. Whether or not the scope of ICERDC should be broadened to include non-economic relations (such as environmental, immigration and security) should also be considered. The complexity of development would suggest a more holistic approach. In the meantime, CIDA should have the resources to participate in other committees where decisions may affect our development policies (and where its expertise will enrich broader foreign policy decisions).

... INCLUDING THE ADOPTION OF A COUNTRY-STRATEGY FRAMEWORK

Government departments should go beyond mere coordination of their policies in ICERDC. **We recommend that CIDA be mandated to publish a strategy paper for each developing country, on an annual or bi-annual basis.** This would summarize the aid, trade, finance, human rights, gender and other Canadian policies to a country, in the context of the latter's own development plans and aspirations. Hence, the paper should be drafted in consultation with the country. It would endeavour to demonstrate how various policies mesh with each other, and therefore how coherent Canadian development policy is in practice. (Any inconsistencies would be admitted rather than concealed – with an evaluation of associated costs.) The papers should be collated, published and used for public education and consultations; ultimately they would be useful in contributing to greater public accountability.

The issue of coherence should also be addressed in the annual review of the OECD Development Assistance Committee. This should assess the overall performance of each donor in terms of trade, finance and other economic relations, besides aid.

STRENGTHEN COOPERATION BETWEEN DIFFERENT CANADIAN DEVELOPMENT PARTNERS

Incoherence often reflects an inability to develop a consensus among different Canadian constituencies. Instead of continuing to paper over these divisions, it would be useful to bring together these various groups to consider alternative strategies. For instance, a Canadian Development Council, consisting of NGOs, business, and analysts from the public and private sector, could meet annually to report on their respective activities in developing countries and consider ways to increase complementarity.

CANADIAN DEVELOPMENT COUNCIL

A Canadian Development Council, bringing together different constituencies active in Canadian relations with developing countries, could play an invaluable role in the design, execution and evaluation of Canada's development policy. It could meet at least once annually. Besides reviewing the previous year and upcoming challenges for both public and private sectors, discussions could focus on a particular theme, such as the role of the private sector in development, multilateral aid or environmental sustainability. The aim would be to establish common principles, to evaluate present policies, to identify areas for increasing cooperation, and to clarify differences. The Council could be one key element in the proposed National Forum on Canada's International Relations and could also play a valuable public education role.

CONCLUSION

HILE THE STELLAR PERFORMANCE OF A SMALL NUMBER OF developing countries confirms the potential of others, over a billion people in the South continue to live in absolute poverty. At the same time expectations of what development must achieve are escalating – to include improved environmental management, good governance and more. Addressing these problems has become both more urgent and more complex.

Much of the initiative must be taken in the South – such as the choice of economic policies, the priority given to certain social programs over others, and even the generation of resources for development. But Canadians and others in the more privileged developed world have a role to play in supporting these efforts.

Our aid program, limited as it is, needs a radical restructuring. Where needs are greatest, often it has had limited effectiveness, and even failure; sometimes it may have perpetuated aid dependence. Redirecting bilateral aid to the poorest countries and peoples would be an appropriate first step. Beyond this, answers are not clear, reflecting the complexity of the development process. We need to work multilaterally with other donor countries, and with different groups within developing countries and Canada, to determine new and more effective approaches.

Beyond aid there are several other complementary policies needed, ranging from debt reduction to trade liberalization and promotion. These must be integrated with other non-economic objectives, ranging from human rights and progress for women to the environment. Such measures, while necessary to achieve development more broadly defined, will also resonate with Canadian efforts to solve domestic problems beyond the short-term economic ones.

If Canada is serious about its global citizenship responsibilities, business cannot continue as usual.

ENDNOTES

1   The World Bank, *Annual Report 1993*, p. 37 and 38.

2   The majority of IDA funds are for the 'poorest' countries defined as those with per capita incomes of US$765 (1991 dollars) or less; exceptions are made for small island economies and countries still ineligible for more expensive World Bank loans. The World Bank, *Annual Report 1993*.

3   Changes in import regimes in Argentina, Chile and Mexico, led to Latin America having the highest import growth in the world in the last two years. Also, from the end of 1988 to the end of 1992, five countries in Latin America had some of the world's most rapidly appreciating stock markets (with rises of more than 100 percent in dollar terms, compared to a U.S. gain of 51 percent and a decline in Japan of 43 percent).

4   As already mentioned, a more accurate reflection of need than income per capita would be the UNDP's HDI index. For example, countries above the median of 0.5 could be made ineligible for Canadian aid, leading to a major refocusing of the Canadian aid program, as it would remove China, Indonesia, The Philippines, and a number of others in CIDA's core of 40 countries. Given the criticism of the HDI, however, further work may be needed to produce an indicator which reflects a broader range of values.

5   Canadian NGOs are already major channels of Canadian aid, though the full extent is not generally published by CIDA. CIDA only publishes figures for 'partnership programs' managed by NGOs on their own account, and not for instances of NGOs acting as 'executing agencies' on CIDA's account, which can be quite large. Estimates in Ian Smillie and Ian Filewod, "Canada" suggest that as much as 13 percent of Canadian aid was channelled through NGOs in 1990-91 or 20 percent of bilateral aid. "Canada" in Ian Smillie and Henny Helmich, eds., *Non-governmental Organisations and Governments: Stakeholders for Development* (Paris: OECD, 1993), Table II.

6   For example, in the case of the $1.3 billion of Canadian aid delivered in Pakistan during the 1980s, the Auditor-General of Canada found that: "a large share was devoted to funding state-owned infrastructure projects in rail transportation and energy, which were delivered by the Canadian private sector. These do not appear to be the most direct ways for helping Pakistan's poorest people improve their human development and earning capacity" (*1993 Report*, p. 312). SECOR also noted that the large number and types of sectors aided appear to be driven by indigenous Canadian interests (1991, 4.1).

7   OECD, DAC *1992 Report*, p. 42.

8   The U.K. Aid-Trade Provision is a fund financed out of U.K. ODA to help U.K. suppliers compete with other countries in winning development project contracts. It amounted to £97 million in 1991/92, and 6 percent on average of total U.K. aid in the 1980s. Since it was introduced in 1978 some £937 million has helped to finance projects worth £3.8 billion. U.K., ODA, *Annual Report 91-92*, London, 1993.

9   As proposed by the Canadian Exporters' Association, *Towards a New Cohesive Export Strategy*, January 1994, p. 31.

10   John P. Lewis, *Pro-Poor Aid Conditionality*, ODC Policy Essay No. 8 (Washington, D.C.: ODC, 1993).

11   OECD, DAC, *1992 Report*, p. A-27.

12   CIDA, *Annual Report 1991-92*, Table U, p. 60-61.

13   See CEA, *Towards a New Cohesive Export Strategy*, p. 36.

14   In total, contracts awarded to Canadian suppliers roughly equal Canadian contributions; for recent years the ratio ranges from 1.14 for the World Bank to 0.71 for the Inter-American Development Bank. The average for all MDBs is 0.78; in contrast the ratio for bilateral aid is lower, at 0.68. Canada's share of procurement at the MDBs is roughly consistent with our share of world exports to the corresponding region. Roy Culpeper and Andrew Clark, '*Canada and the Multilateral Development Banks* (Ottawa: The North-South Institute, forthcoming 1994).

15   OECD, DAC, *1992 Report*. During this period Canadian aid grew by 3.3 percent; in the second half of the 1980s it grew only by 1.2 percent compared to 1.7 percent for the DAC as a whole.

16   OECD, DAC, *1992 Report*, p. 38.

17 Roy Culpeper, "Resurgence of Private Flows to Latin America: The Role of American Investors," Ottawa: NSI, November 1993, (mimeo).

18 For instance, from 1980 to 1992, African governments had some 8,000 separate negotiations with their creditors. T. Killick in G.K. Helleiner, "Sub-Saharan African External Debt and Financing: Necessary Reforms for Development", University of Toronto, May 1993, (mimeo); and G.K. Helleiner *et al.*, *Report of an Independent Working Group on the Ugandan Economy* (Kampala: Government of Uganda, September 1993).

19 In Uganda, the scheduled debt service ratio for 1993-94 is 97 percent and 80 percent for 1995-96. But actual payments are two-thirds this level. Debt incurred after 1981 – or nearly 40 percent of its total official bilateral debt – is ineligible for relief according to Paris Club rules. Helleiner *et al*, 1993, p. 48-49.

20 The Paris Club is a forum in which credits issued, guaranteed or insured by creditor governments are rescheduled. For more details, see David Sevigny, *The Paris Club. An inside view* (Ottawa: The North-South Institute, 1990).

21 The first two critical cases in which the entire debt stock may be addressed will arise in 1994, with the possibility of setting important precedents. Helleiner *et al.*

22 Auditor General, 1992, p. 267.

23 From 1985 to 1992, the multilateral development banks provided net transfers of US$29.7 billion to developing countries, but these were more than offset by net transfers from these countries to the IMF of US$33.6 billion. Roy Culpeper, 'A Note on the Multilateral Creditors and the Debt Crisis', *World Development*, vol. 21, no. 7 (1993). In 1992 there was a net transfer from developing countries to the World Bank of $1.9 billion. The World Bank, *Annual Report 1992*. In every year since 1984, sub-Saharan Africa has been a source of net transfers to the IMF.

24 Helleiner, 1993.

25 Culpeper, 1993.

26 In 1993 CIDA announced a $93,000 grant to a chain of sportswear companies which had formed a partnership with a textile company in Quito, Ecuador, to make sportswear. CIDA, *Communiqué*, February 2, 1993.

27   I. Trela and J. Whalley, "Least Developed Countries, the Multi-Fibre Arrangement, and the Uruguay Round," paper for CIDA, December 1991.

28   The data are taken from Han Soo Kim and Ann Weston, "Anti-Dumping Measures and Regional Trade Agreements: Another Source of Trade Diversion?" Ottawa: The North-South Institute, 1993 (mimeo).

29   Ian Goldin *et al*, *Trade Liberalisation: Global Implications*, Paris: OECD Development Centre and World Bank, 1993. These figures do not take into account the costs (and benefits) of new rules for investment, services, intellectual property and export subsidies.

30   Helleiner, "Sub-Saharan African External Debt and Financing.

31   IISD, *Trade and Sustainable Development Principles*, Winnipeg, 1993.

Bibliography

Auditor General of Canada. *1993 Report.* Ottawa, 1994.

Canadian International Development Agency. *Annual Report 1991-92.* Ottawa: Ministry of Supply and Services, 1993.

Communiqué, February 2, 1993.

Canadian Exporters' Association. *Towards a New Cohesive Export Strategy,* Ottawa, January 1994.

Andrew Clark and Marta Arnaldo. "Preliminary Report on Implementation of Sharing Our Future." Ottawa, The North-South Institute, 1993.

Roy Culpeper. "A Note on the Multilateral Creditors and the Debt Crisis." *World Development,* vol. 21, no. 7 (1993).

Resurgence of Private Flows to Latin America: the Role of American Investors. Ottawa: The North-South Institute, November 1993 (mimeo).

Ian Goldin *et al. Trade Liberalisation: Global Implications.* Paris: OECD Development Centre and World Bank, 1993.

G.K. Helleiner. "Sub-Saharan African External Debt and Financing: Necessary Reforms for Development." Toronto: University of Toronto, May 1993 (mimeo).

G.K. Helleiner *et al. Report of An Independent Working Group on the Ugandan Economy.* Kampala: Government of Uganda, September 1993.

Han Soo Kim and Ann Weston. "Anti-Dumping Measures and Regional Trade Agreements: Another Source of Trade Diversion?" Ottawa: The North-South Institute, 1993 (mimeo).

John P. Lewis. *Pro-Poor Aid Conditionality, ODC Policy Essay No. 8.* Washington D.C.: ODC, 1993.

David Protheroe. "A Microscope on Multilateral Aid", *Briefing 32,* Ottawa: The North-South Institute, 1991.

David Sevigny. *The Paris Club. An inside view.* Ottawa: The North-South Institute, 1990.

I. Trela and J. Whalley. "Least Developed Countries, the Multi-Fibre Arrangement, and the Uruguay Round", paper for CIDA, December 1991.

U.K. Overseas Development Administration. *Annual Report 91-92*, London, 1993.

UNICEF. *The State of the World's Children, 1992.* Oxford: Oxford University Press, 1992.

World Bank. *Annual Report 1993*, Washington D.C.

Annex I

Alternative Policy Mixes

Examples of Alternative Policy Mixes

Uganda ($US170 per capita)
4th poorest country in world

	Current Policy	Suggested Policy
Aid	- 37th in Canadian ODA in 1991-92 - major aid cut in 1992-93 - some untying	- increase ODA including recurrent costs to transform economic stabilization into growth - more use of local resources (inputs, technical expertise) through less aid-tying, to build capacity and improve project design - more education for girls and credit, employment and health care for women
Debt/finance	- limited debt reduction leaving excessive debt-servicing burden	- more bilateral and multilateral debt relief
Trade/investment	- some improvements in access to Canadian market (but less favourable than Mexico) - some exemptions from new GATT rules	- more promotion of its exports through the African Commodity Diversification Fund, the Trade Facilitation Office and the UN's International Trade Centre, through improved market access
Other foreign policy	- relief for refugees from the Horn	- more concerted peace-building efforts in the region

Examples of Alternative Policy Mixes

	Current Policy	Suggested Policy
Zaire low-income ($220 per capita)		
Aid	- 14th in Canadian ODA	- channel bilateral aid through NGOs in recognition of severe governance problems (corruption, rights abuses) - greater use of multilateral channels to press for changes also in economic policies
Debt/finance	- complete write-off of ODA debt as part of sub-Saharan Africa debt forgiveness package	- tie to progress on human rights observance and democratization - forgiveness of non-concessional debt
Trade		- restrict export credit to official agencies until some political changes
Other foreign policy		- ban arms exports on human rights grounds - diplomatic pressure on human rights with possibility of sanctions
Morocco middle-income ($950 per capita)		
Aid	- 26th in Canadian ODA	- fully graduate from bilateral aid program
Debt/finance	- major recipient of EDC Section 31 concessional lending	- more use of non-concessional funding, especially multilateral e.g., for non-governmental work on environment, women's status, and support of civil society
Trade/investment	- aid-tying to promote Canadian exports - market-opening through the GATT	- make anti-dumping laws (and implementation) less weighted in favour of Canadian producers - use EDC to support investment risk - raise/remove ceiling on Canadian pension fund activity overseas

Annex II

Liberal Party Views On Canadian Foreign Policy

Problem	Liberal Party Solution	Comments
Insecurity in the South affects Canadians.		
Poverty – especially persistent in Africa, associated with wars, environmental degradation and migration.	No aid cuts without consultation.	Need commitment to reverse cuts made in 1992/93, especially to poorest African countries.
Inadequate resources for Africa – exacerbated by halving of Canadian bilateral aid.	0.7 percent GNP aid target should be reached as soon as possible.	CIDA's *Sharing Our Future* could not be clearer in poverty focus – problem is failure to follow the framework.
	Need clear framework for aid distribution.	Good, but need to define basic needs clearly. A higher share may be appropriate in some countries. May need more aid to be untied.
	Focus aid on human development – 25 percent to basic human needs.	But Canada should foster research and debate on options.
	Importance of economic reforms.	
Environmental degradation.	Make aid and trade (GATT, NAFTA) greener.	Harder for trade than for aid; important to complement poverty alleviation and efforts in other arenas (e.g., the GEF, international agreements).

Problem	Liberal Party Solution	Comments
Human rights.	Link aid to human rights.	Good to make process more transparent and predictable.
	Publish annual report on human rights record of aid recipients; consult with public over policy response.	Which rights?
	Promote UN declarations and conventions.	
	Strengthen civil society.	
	Link trade and human rights multilaterally.	
Debt burden in Africa and Latin America.	Note importance of real debt reduction for the least-developed countries (LLDCs).	How? What will Canada do unilaterally? What will it do to press the multilaterals to cut LLDC debt?
Trade problems.		
Declining terms of trade.	Fairer trade.	No mention of how to solve commodity crisis (e.g., aid to African diversification fund).
Restricted access to donor markets.	Bilateral trade liberalization focused on countries with most debt.	Debt reduction and unilateral or multilateral trade deals may be more effective.
	Multilateral free trade zone in the Americas.	Not all countries may be able to meet NAFTA obligations; NAFTA rules on agriculture are riddled with exceptions.
	In the Americas and Asia-Pacific the same trade rules should be applied to all countries.	Remedies may well fall outside the trade arena.

Problem	Liberal Party Solution	Comments
Domestic social concerns.	Review impact of trade on Canadian social fabric.	Aid may help with adjustment in LDCs, but should not be used in Canada – little of trade-related adjustment problems in Canada is due to trade with CIDA recipient countries.
. . . and adjustment.	Aid could help with adjustment.	
Limited private investment and trade.	Special endowment fund for Canadian investors in Eastern Europe.	May be effective, but should not be at expense of aid to traditional recipients.
	Endowment fund for high-tech activities in Asia.	
Weak international institutions.	Review IFIs and multilaterals.	Also consider how to increase transparency of Canadian role in these institutions.
	Review UN reform – work out Agenda for Development to complement Agenda for Peace.	
Inadequate consultation with Parliament and interested groups in foreign policy making.	Ensure Parliament debates all international agreements and Canadian financial support of other international activities.	This could play an important role in building public understanding of foreign policy.
	Create Centre for Foreign Policy Development.	This could be a network of the many existing foreign policy centres rather than a new institution.
	Establish National Forum on Canada's International Relations, to meet annually.	NSI recommends a Canadian Development Council, focusing on relations with developing countries, as a component of the National Forum.

Source: Derived from The Liberal Party of Canada, *Creating Opportunity: The Liberal Plan for Canada*, Ottawa, 1993, and The Liberal Party of Canada, *Foreign Policy Handbook*, Ottawa, May 1993.

LE CANADA ET LE MONDE EN DÉVELOPPEMENT

Questions-Clés *pour la* Politique Étrangère Canadienne

L'Institut Nord-Sud

L'Institut Nord-Sud

L'Institut est une corporation à but non lucratif créée en 1976. Il effectue des recherches spécialisées en vue de contribuer à la formulation de politiques sur les relations «Nord-Sud» entre les pays industrialisés et les pays en voie de développement. Les résultats de ces recherches sont transmis aux législateurs, aux organismes intéressés et au grand public pour permettre une meilleure compréhension des questions de développement et susciter des discussions éclairées dans ce domaine. L'Institut est un organisme indépendant et non partisan, qui collabore avec tout un ensemble d'organismes canadiens et internationaux.

Le contenu de ce rapport représente les vues et les conclusions du personnel de l'Institut et pas nécessairement celles des organismes contribuant à son financement, ni celles des organismes ou personnes consultés au cours de l'étude.

Données de catalogage avant publication (Canada)

Vedette principale au titre:

Le Canada et le monde en développement : questions-clés pour la politique étrangère canadienne

Texte en français et en anglais.
Titre de la p. de t. addit., tête-bêche: Canada and the developing world.
Comprend des références bibliographiques.
ISBN 0-921942-65-6

1. Canada—Relations—Pays en voie de développement. 2. Pays en voie de développement—Relations—Canada. 3. Aide économique canadienne—Pays en voie de développement. 4. Assistance technique canadienne—Pays en voie de développement. 5. Canada—Relations économiques extérieures—Pays en voie de développement. I. Weston, Ann II. Institut Nord-Sud (Ottawa, Ont.). III. Titre: Canada and the developing world.

FC602.C33 1994   327.710172'4   C94-900425-1F   F1034.2.C36 1994

Production : Anne Chevalier   Traduction : Hervé Rombaut
Page couverture : Expression Communications

©L'Institut Nord-Sud/The North-South Institute, 1994
Prix : 12,00 dollars (NS 178 e,f)
On peut se procurer des exemplaires de ce volume directement auprès de
l'Institut Nord-Sud
55 rue Murray, Suite 200,   Ottawa, Canada   K1N 5M3
Téléphone : (613) 241-3535   Télécopieur : (613) 241-7435

AVANT-PROPOS

DEPUIS QUE L'INSTITUT NORD-SUD EST NÉ EN 1976, NOUS NOUS sommes employés par différents moyens et filières à fidèlement exécuter notre mandat, qui est de mener des recherches sur les grandes questions et orientations du développement à travers le monde, afin d'aider à la formulation des politiques. Nos lettres patentes nous enjoignent également de «former un groupe d'expression indépendant qui, à la lumière des recherches mentionnées, attire l'attention sur les grands problèmes actuels et anticipés, et fasse régulièrement des recommandations précises aux décisionnaires».

Quand le nouveau gouvernement libéral a annoncé qu'il allait inaugurer un vaste réexamen public des relations internationales du Canada, l'Institut s'est vu présenter une chance spéciale et un défi particulier. Nous avions hâte de contribuer de façon notable à un débat qui, en intervenant au milieu d'extraordinaires changements sur tant de plans des relations internationales, devrait mener à l'énoncé de politiques d'un caractère nettement nouveau pour le Canada.

Un problème se posant à quiconque entend contribuer au débat est le fait que tant de politiques et de dossiers méritent d'être réexaminés. Au cours de la campagne électorale de 1993, l'Institut a parrainé une série de forums Nord-Sud dans six grandes villes du pays, pour tenter de stimuler la discussion des questions mondiales. Chose compréhensible, ces tribunes ont pris différentes tournures dans les différentes villes. À Toronto les participants ont mis l'accent sur les questions d'immigration, à Ottawa ils ont parlé des priorités de l'aide à l'étranger et du maintien de la paix, cependant qu'à Montréal ils ont abordé la question de l'emploi en se demandant «Doit-on choisir entre les chômeurs d'ici et les pauvres du tiers-monde?».

Dans ces conditions, lesquelles prendre comme grand accent de notre propre contribution au débat sur la politique étrangère du Canada? Même parmi les dossiers Nord-Sud, il y en avait trop d'importants pour pouvoir les traiter d'une façon tant soit peu détaillée. Nous avons donc opté pour la démarche qui paraissait la

plus sage, parler des sujets qui nous sont les plus familiers : le commerce international, l'APD (ou aide à l'étranger), la finance internationale, et le rôle spécial que devraient jouer les femmes dans le développement à travers le monde. Le présent document est principalement destiné au réexamen que doit effectuer le comité mixte de la Chambre et du Sénat chargé de se pencher sur les relations internationales du Canada. Nous espérons toutefois que sa pertinence débordera le cadre des travaux menés au cours de l'été 1994 et qu'il stimulera des débats bien au delà des confins de la Colline parlementaire.

La présidente
Maureen O'Neil

Remerciements

E DOCUMENT D'ORIENTATION EST LE FRUIT D'UN EFFORT collectif que le personnel de l'Institut Nord-Sud a produit sur une période de plusieurs mois. Diverses idées ont été également affinées dans le cadre de travaux que certains chercheurs ont menés sur d'autres projets (au sujet, par exemple, des politiques commerciales ou de l'efficacité des banques multilatérales de développement). Ann Weston, directeur du programme Commerce et Ajustement à l'INS, en est le principal auteur. D'autres concours sont venus de : Andrew Clark, Roy Culpeper, Heather Gibb, Nona Grandea, Lynne Hately, Joanna Kerr, Maureen O'Neil et Clyde Sanger. Le professeur Gerald Helleiner (de l'Université de Toronto) a été, comme toujours, d'une énorme aide par les commentaires qu'il a apportés sur le document ébauché. Rowena Beamish a assuré le principal de la révision. Anne Chevalier a coordonné éditique et conception, et Lady Tinor s'est occupée du formatage.

INTRODUCTION

L ES CANADIENS SONT DE PLUS EN PLUS CONSCIENTS DES problèmes que doivent affronter les gens des pays en développement. Leur tradition de solides relations dans les domaines de l'aide et de la diplomatie s'est trouvée renforcée par le bras toujours plus long des médias et par l'afflux soutenu d'immigrants provenant du Sud, notamment des réfugiés fuyant conflits armés, atteintes aux droits de la personne, dégâts environnementaux et fléau de la pauvreté. Nous ne pouvons ignorer les pays en train de se développer, et ne devrions pas non plus le faire. Nous partageons certains de leurs problèmes – que ce soit l'effondrement des cours des produits de base, la disparition des stocks de poissons, le nouveau défi du chômage face aux mutations technologiques, ou le souci de voir régner paix et sécurité. Les solutions réclament d'urgence une réflexion et une action à base de collaboration.

Considération tout aussi importante, les récentes expériences viennent confirmer l'énorme potentiel que recèle le Sud. Avec l'appui de micro-prêts, des femmes ont réussi dans bien des pays à se sortir de leur état de simple survie en ouvrant des petits commerces, et à gagner ainsi de quoi payer une instruction et de meilleurs soins de santé à leurs enfants. Des économies qui stagnaient ont retrouvé une croissance positive, grâce aux nouvelles politiques économiques, à la stabilisation politique, et au renversement des fuites de capitaux du passé. La réussite des pays en développement n'est pas seulement cruciale pour leurs citoyens, notamment les plus pauvres; elle offre en même temps d'importantes occasions de resserrer les liens avec le Canada.

Dans un contexte aussi critique, l'Institut Nord-Sud est très heureux du réexamen de la politique étrangère décidé par le gouvernement. Il est opportun, à l'approche du 21e siècle, qu'on mesure **en premier** les nouveaux défis du développement. Nous nous rendons compte que la satisfaction des besoins essentiels doit maintenant se doubler d'objectifs politiques, sociaux et environnementaux. Ces derniers forcent, de leur côté, à largement repenser le type de politiques menées par les pays en développement

eux-mêmes et par les donneurs d'aide. Un **second** devoir est de bien examiner les raisons qu'a le Canada d'aider ces pays à se développer. Dans sa politique étrangère, le Canada a souvent tenté de satisfaire à la fois des objectifs internes et de développement. Nous croyons que la meilleure façon de servir nos valeurs et nos intérêts sera de concentrer nos moyens d'aide limités sur la réduction de la pauvreté et la promotion du développement humain. **En troisième**, il nous faut réexaminer l'éventail complet des politiques du Canada envers les pays en développement.

NOUS RECONNAISSONS QUE, COMME PARTIE INTÉGRANTE DE toute notre politique étrangère, il doit y avoir des efforts pour transformer la condition de la femme et pour favoriser le respect des droits de la personne et l'accès à la démocratie. Nous recommandons : une plus grande concentration de nos efforts d'aide, plus de cohérence entre notre politique d'assistance et les autres, et davantage de coordination avec les autres pays. Pour être plus précis :

L'AIDE

LA FINANCE ET LA DETTE

LE COMMERCE

LA COHÉRENCE

L'ÉVOLUTION DES NOTIONS

QU'ENTENDONS-NOUS PAR DÉVELOPPEMENT?

LA SATISFACTION DES BESOINS ESSENTIELS – NOURRITURE, eau, logement santé et éducation – reste un objectif premier du développement. On s'est toutefois rendu compte, au fil des années, que la pauvreté est une notion bien plus compliquée, et qu'elle requiert un large éventail de stratégies pour la soulager et, en fin de compte, la supprimer. Les buts économiques – accroître la production et le revenu des gens pauvres – demeurent un impératif pour leur donner accès aux biens et services. Cependant, la pensée du développement reconnaît maintenant l'importance de maints autres aspects.

Il existe à présent une bien plus grande conscience de la dégradation de l'**environnement** à travers le monde. Les modes de croissance économique d'aujourd'hui ont certains effets négatifs sur la qualité de la vie (la pollution en est un exemple), tandis que l'épuisement connexe des ressources non renouvelables et le réchauffement du globe font sérieusement douter de leur viabilité à plus long terme. Le défi est comment veiller à ce que ces coûts se trouvent correctement reflétés et dans les comptes de la nation et dans les décisions économiques tant des particuliers et des sociétés que des gouvernements. Les sociétés diffèrent par le prix qu'elles accordent à l'environnement et par les compromis qu'elles vont tolérer en échange de la croissance économique. Des normes internationales élevées (et en hausse) ne

«. . . chaque problème d'environnement devient un problème de développement quand vous entreprenez d'y remédier. On peut le diagnostiquer comme un problème d'environnement, mais . . . vous l'abordez principalement comme un problème de développement, sous l'angle des changements à apporter dans le mode de développement, dans nos habitudes économiques, et dans le système de stimulations et de sanctions qui les motive.» Maurice Strong, dans Brésil 1992 : La terre avant tout, Synthèse B-33 de l'INS, 1992, p. 2.

sont peut-être une possibilité que si les sociétés plus riches acceptent et de modifier leurs façons de vivre et de transférer des moyens technologiques et financiers aux plus pauvres.

Le progrès économique n'a pas grande signification – et risque de ne pouvoir durer – en l'absence de paix et de sécurité personnelle. Il existe de fortes indications que les **droits politiques** (tels la liberté d'expression, l'affranchissement de toute discrimination et le droit d'organisation) occupent une place importante dans le développement de la société civile, qui joue à son tour un rôle critique dans la conception et le contrôle des politiques du gouvernement – autrement dit, en contribuant à la bonne gérance publique. Les droits politiques constituent une nécessité si l'on veut que les gouvernements aient des comptes à rendre aux gens qu'ils sont censés servir. Même si le gouvernement demeure un agent-clé dans le changement, on reconnaît de plus en plus le rôle central joué par les gens de l'extérieur, comme particuliers, membres de groupements communautaires ou gens du monde des affaires. L'infrastructure politique qui va favoriser les initiatives des acteurs extérieurs a donc une suprême importance. Il peut y avoir des compromis à faire entre la croissance à court terme de l'économie et la réalisation des droits politiques. Cependant, sans l'octroi de droits politiques aux gens, la stabilité à long terme de la croissance économique va rester douteuse.

Une autre considération importante est le développement de l'**infrastructure sociale**, qu'il soit réalisé par l'État, le secteur privé ou le monde du bénévolat. Le développement des capacités individuelles par l'éducation et la formation, et leur entretien par les soins de santé appropriés, figurent dans les objectifs du développement humain durable. Les politiques et les programmes sociaux, normalement destinés à améliorer la qualité de la vie, deviennent aussi essentiels tant pour permettre aux gens de se prévaloir pleinement des possibilités offertes par la restructuration économique que pour atténuer les retombées négatives de cette dernière – ce de manière à ce que tous les segments de la société bénéficient de la croissance.

Ces diverses lignes de pensée ont conduit à se repencher sur le type et le

> «La violence envers la femme est le type le plus répandu de violation des droits de la personne. Elle se manifeste quotidiennement sous diverses formes dans toutes les sociétés.» Joanna Kerr, dans Kerr (sous la direction de), Ours By Right: Women's Rights as Human Rights, Zed Books, 1993, p. 4.

rythme des réformes économiques menées au nom du développement. La diversité des conditions politiques, économiques, sociales et environnementales régnant dans chaque pays souligne la nécessité de politiques taillées sur mesure à la place de la formule du plan détaillé.

Par exemple, la relative jeunesse de l'industrialisation et l'étroitesse de l'assiette fiscale au Bangladesh

«On a besoin de se préoccuper non seulement du traitement équitable dans le développement des compétences, mais aussi de la possibilité de les utiliser avec les récompenses économiques équivalentes . . .» Nona Grandea, *Meeting Women's Education and Training Needs, exposé rédigé pour la conférence de la CEAP sur «le traitement équitable des deux sexes en matière d'éducation et de formation», Malaisie, avril 1994, p. 2.*

L'Égalité De La Femme Comme Question De Politique Étrangère

Le Canada s'est enorgueilli de ses efforts pour inscrire les questions féminines à l'ordre du jour de la communauté internationale. Des femmes ont été membres (ou chefs) de délégations canadiennes chargées de dossiers aussi divers que le commerce, le désarmement, les droits de la personne, et les affaires de l'ONU, participant dès 1919 à la délégation auprès de l'OIT. En outre, suite aux promesses que le Cabinet a faites dans le milieu des années 1970 après l'enquête de la Commission royale sur le statut de la femme au Canada, l'ACDI ainsi que les ministères des Affaires étrangères et de la Défense nationale ont désigné des responsables pour veiller à ce que les politiques canadiennes traduisent l'engagement national de combattre l'inégalité des femmes. Mais il s'agit là d'une tâche complexe, qui pâtit souvent d'un manque de moyens, et à laquelle on ne pense souvent qu'après la principale question de politique traitée.

L'engagement renouvelé d'encourager la démocratie, de combattre les violations de droits de la personne et de soulager la pauvreté exige d'adopter un ensemble bien visible de politiques afin d'éliminer les désavantages que ressentent les femmes à travers le monde. Ainsi que le dit l'UNICEF, un nouvel ordre mondial devrait s'opposer aussi résolument à l'apartheid des sexes qu'à l'apartheid des races.

semblent expliquer une plus lente libéralisation de l'importation qu'en Malaisie ou aux Philippines, y compris la persistance de tarifs douaniers allant en moyenne de 20 % à 30 %.

Le changement le plus notable est le fait qu'on s'éloigne des programmes d'ajustement structurel orthodoxes, en raison de leurs coûts sociaux inacceptables, qui pèsent particulièrement lourd sur les femmes. Dans bien des organismes multilatéraux, on met un plus grand accent sur les dépenses dans le secteur social. Par exemple, 20 % des prêts de la Banque mondiale à l'Inde vont maintenant à ce secteur, contre 1 % il y a dix ans; 50 % des prêts à l'ajustement de la Banque ont été consacrés à des filets de sécurité et autres programmes sociaux entre 1990 et 1992, contre 5 % entre 1984 et 1986[1].

«Il existe un soutien croissant pour l'idée que la politique sociale doit être pleinement et constamment intégrée à la politique économique . . . Les programmes d'ajustement seraient conçus de manière à éliminer le besoin d'un train de mesures distinct, à financement indépendant, pour «atténuer» les effets négatifs de l'ajustement . . . Recettes et dépenses budgétaires iraient directement au règlement de certains problèmes de distribution, à la création d'emplois et à la promotion du développement communautaire, rural et infrastructurel.» John Loxley, Ghana: The Long Road to Recovery, L'Institut Nord-Sud, 1991, p. 100.

Dans ce contexte, on reconnaît maintenant davantage l'importance des politiques redistributives, axant les dépenses sociales sur les niveaux primaires et venant renforcer l'infrastructure dans les régions rurales. Même si dans certains pays le secteur privé (y compris bénévole) a beaucoup à apporter – un exemple notable étant le Rural Advancement Committee au Bangladesh – l'État conserve un rôle important à jouer. Le plus grand accent sur les comptes à rendre par le gouvernement, et sur la participation des gens à la conception et l'exécution des politiques et des projets, va servir à en améliorer l'efficacité et la capacité d'acceptation.

De Quels Pays En Développement S'Agit-Il?

La fin de la guerre froide a donné naissance à l'idée que le tiers-monde (ou Sud, par juxtaposition à l'Ouest et à l'Est) n'est plus une notion adaptée. En fait, l'extrême inégalité des modes de développement avait déjà commencé à démentir les points communs des pays du tiers-monde. À la fin des années 1980, un «quart-monde» était en train d'émerger – composé de pays extrêmement démunis (surtout d'Afrique) qui connaissaient des taux de croissance par habitant très faibles, voire négatifs, et menaçaient de se dissocier de l'économie mondiale.

Malgré que les idées sur le développement se soient affinées, on continue à mettre un accent écrasant sur le revenu par habitant pour avoir une indication du niveau de développement du pays et de l'aide extérieure dont ont besoin ses gens. Ainsi l'accès au guichet des prêts d'aide libérale de la Banque mondiale – l'IDA (Association internationale de développement) – continue-t-il à dépendre principalement du revenu par habitant[2]. L'Indicateur de développement humain (ou IDH) qu'a introduit le PNUD (Programme des Nations Unies pour le développement) a été largement salué comme une jauge plus précise du développement. Il demeure cependant un outil assez grossier (et controversé), reposant seulement sur des mesures de longévité et d'instruction en plus du revenu (PIB réel par habitant en parité du pouvoir d'achat dollars). Les tentatives pour rendre compte d'autres dimensions critiques comme la disparité entre sexes, la répartition des revenus, la liberté politique, et la gestion de l'environnement, n'ont pas fait beaucoup de chemin à cause de l'insuffisance des données et des difficultés d'assigner des valeurs à travers les cultures.

Notre définition des pays en développement – et leur répartition en sous-catégories – tendent encore à principalement reposer sur des critères économiques. Ce sont les autres caractéristiques (comme le genre de gouvernement, la manière de traiter les femmes, le contexte environnemental) qui distinguent ces pays et déterminent, dans chaque cas, non seulement la nature des intérêts du Canada mais aussi l'ensemble de réactions qui convient de sa part.

Les remarquables résultats économiques qu'ont enregistrés bien des pays de l'**Asie de l'Est** – appelés soit nouveaux pays industrialisés

(NPI) et futurs NPI, soit tigres et jeunes tigres – s'attirent une foule de louanges, surtout de la communauté financière internationale, et ont attisé les attentes de la plupart des pays ailleurs. Le fait est que la Zone économique chinoise (Chine, Hong Kong, Singapour et Taïwan) passe maintenant pour la région la plus dynamique du monde, pour un quatrième pôle de croissance économique du globe. Ces prouesses économiques se sont généralement traduites par un renforcement des normes sociales, mais on fait rarement entrer en ligne de compte le prix payé par la dégradation de l'environnement et la limitation de la liberté politique. Certaines gens se demandent combien de ces pays devraient encore être considérés comme en développement, comme partie du Sud. Une question plus pertinente est la reproductibilité de leur succès, et ses causes.

En **Amérique latine**, l'endettement n'est plus le problème débilitant qu'il était il y a dix ans. À la suite des réformes économiques généralisées, plusieurs pays ont vu revenir les taux de croissance positifs, grimper leurs dépenses sociales (qui donnent à la région un indicateur moyen de développement humain supérieur à l'Asie de l'Est et du Sud-Est), et affluer les capitaux. Certains progrès ont été réalisés sur le plan politique, avec le retour à des régimes civils et la tenue d'élections libres dans bien des pays. Mais le potentiel d'instabilité subsiste, comme sont venus le souligner les récents événements à plusieurs endroits (Mexique, Argentine, Venezuela, Colombie). Parmi les problèmes figurent : la continuelle faiblesse de la société civile et de l'infrastructure sociale, la fameuse inégalité de la répartition des revenus, la marginalisation de certains groupes ethniques, sans parler de la faible priorité accordée aux objectifs écologiques.

En **Afrique subsaharienne**, les perspectives demeurent les plus sombres. Les guerres intestines et les régimes illégitimes ont causé de grands nombres de morts et de réfugiés, détruit une bonne partie de l'infrastructure matérielle, et détourné les ressources publiques et les initiatives privées de la tâche du développement durable. La construction de la paix est une condition préalable essentielle à la reprise de la croissance. Les changements se produisant en Afrique du Sud inspirent un certain optimisme quant à la possibilité qu'elle devienne une locomotive et un agent de changement, mais il reste d'énormes défis. Le processus du changement politique et économique s'est également amorcé dans de nombreux pays de la

région, avec le concours crucial d'éléments de la société civile. Des initiatives régionales sont en train d'être poursuivies. Néanmoins, il subsiste de grosses entraves économiques, dont un service de la dette représentant un important fardeau, des ressources nationales insuffisantes pour répondre aux besoins en matière de santé, d'éducation et d'autres services sociaux, les faibles prix des principaux produits d'exportation, et des politiques économiques inappropriées.

Il règne un problème tenace de pauvreté, toute mal mesurée qu'elle soit. Un milliard de «victimes de la pauvreté absolue» ont un revenu inférieur à un dollar par jour, et sont sévèrement frustrées dans l'exercice de leurs capacités individuelles. Elles se trouvent concentrées en Afrique et dans certaines parties de l'Asie et de l'Amérique latine. Si gouvernements et groupements locaux ne remédient pas à la situation, avec l'appui de la communauté mondiale, on prévoit que leurs nombres grimperont. La Banque mondiale prévoit qu'en Afrique subsaharienne, le nombre des pauvres va augmenter, dans la meilleure hypothèse, de 50 % pour atteindre quelque 300 millions en l'an 2000; dans la pire hypothèse, il va doubler pour sauter à 400 millions, et le continent héritera d'un problème inquiétant au 21e siècle. Dans l'Amérique latine et les Caraïbes, le nombre des pauvres augmentera de près d'un quart en passant à 130 millions. En Asie du Sud, il devrait diminuer, si la croissance des exportations et le financement de l'extérieur se maintiennent, mais il continuera à osciller autour de 500 millions.

L'Évolution Des
Intérêts Canadiens

ÊME S'IL EST LARGEMENT ADMIS QUE LES DÉFIS À RELEVER PAR le tiers-monde sont complexes et, dans bien des cas, considérables, une révision de notre politique étrangère, spécialement en période de dures contraintes budgétaires, force à un réexamen des intérêts canadiens dans le Sud. Pourquoi le Canada devrait-il s'engager? Nos intérêts sont-ils en train de changer? Cela nécessite-t-il un nouvel ensemble d'initiatives politiques?

Aux yeux de bien des Canadiens, notre engagement dans le tiers-monde est le complément de notre aspiration à l'équité et la justice sociale à domicile. Ces valeurs canadiennes et d'autres se trouvent reflétées dans les pactes et conventions sur les droits de l'homme de l'ONU, et d'autres comme la Convention sur l'élimination de toutes les formes de discrimination à l'égard des femmes, qui confèrent des responsabilités internationales et nationales aux pays signataires, dont le Canada. Le Canada se fait depuis longtemps le champion de la citoyenneté mondiale, par le biais de son appartenance à plusieurs organisations multilatérales et par l'entremise de ses programmes d'aide bilatérale.

Quoique le Canada continue à se classer parmi les pays les plus privilégiés, nous nous heurtons à plusieurs problèmes d'ordre structurel semblables à ceux que connaissent beaucoup de pays en développement : difficultés de bien gérer l'économie et de promouvoir les valeurs nationales dans des économies de plus en plus ouvertes; façon d'arriver à combiner responsabilités budgétaires et sociales, surtout envers les groupes que marginalisent la libéralisation économique et l'évolution technologique (les minorités, les femmes, les enfants, les travailleurs non qualifiés); conversion de l'appareil de défense; protection de l'environnement, etc.

Des choix sont à effectuer dans chacun des pays, après l'analyse et la discussion locales des dossiers. Les mêmes gouvernements et groupes sociaux ont toutefois la possibilité, au niveau international, de partager leurs expériences et de coopérer à la recherche des solutions. Dans bien des cas, les problèmes nationaux du Canada −

tout comme ceux des pays en développement – risque[i] pouvoir recevoir une solution efficace sans une action internationa[i]. concertée. Ainsi les efforts pour améliorer la qualité de l'air ou préserver la couche d'ozone vont-ils exiger une collaboration Nord-Sud afin d'adopter d'autres habitudes de production et de consommation (dont des freins à la consommation individuelle au Nord et à la croissance démographique au Sud). Les mesures pour régulariser les mouvements massifs de capitaux qui déstabilisent vont produire plus d'effets et éviter un caractère isolé si on les prend conjointement.

Non seulement nous ne pouvons nous attaquer isolément à nos problèmes, mais nous ne pouvons nous isoler de ceux du tiers-monde. Le chef du PNUD, M. Mahbub ul Haq, a utilisé l'expression «les problèmes migrent» pour faire remarquer que le Canada ne peut s'isoler de problèmes mondiaux comme le SIDA, la drogue ou les conflits ethniques.

Par conséquent, l'élimination de la pauvreté, l'amélioration des normes sociales, l'adoption de formes plus participatives de gouvernement et la réduction des dépenses militaires dans les pays du Sud ne viendront pas seulement consolider nos propres valeurs, mais aussi atténuer la menace que présentent ces problèmes pour la stabilité sociale au Canada. Le non-appui du développement durable en Somalie a clairement amplifié le prix final de l'intervention armée des États-Unis, du Canada et des autres pays.

Les Canadiens ont vu évoluer leurs intérêts économiques dans le Sud. Au début des années 1980, un grand sujet de préoccupation résidait dans la capacité des nations en développement à assurer le service de leurs dettes; leurs marchés étaient traités avec indifférence, à part quelques échanges et investissements dans le secteur des produits primaires, des biens d'équipement et d'articles de consommation comme le vêtement. Aujourd'hui, la croissance extrêmement rapide que connaît l'Asie de l'Est (plus de 8 % par an pour la dernière décennie, contre moins de 3 % dans les pays de l'OCDE), et les nouvelles possibilités qui s'ouvrent en Amérique latine[3] et en Asie du Sud, ont éveillé un vif intérêt pour une expansion des liens commerciaux, à travers l'ALENA (Accord de libre-échange nord-américain) ou la tribune CEAP (Coopération économique Asie-Pacifique). (L'Afrique subsaharienne, en revanche, continue à recevoir peu d'attention.) Mais les compagnies du Canada n'ont pas

su maintenir le même rythme d'expansion dans le Sud que les américaines, les japonaises ou celles de l'Union européenne, à l'exception de quelques cas notables (Northern Telecom, Spar et Corel dans le secteur de la haute technologie, Sobeco et Sun-Life dans celui de l'assurance, Bata Shoes, McCain et quelques sociétés minières dans celui des ressources naturelles). Bien que la part de l'Asie de l'Est ait augmenté, nos exportations vers les pays en développement continuent à représenter moins du tiers de toutes nos exportations «hors États-Unis», et leur composition s'est à peine modifiée. Par contre, la part des biens manufacturés dans les produits que nous importons du tiers-monde a brusquement grimpé. La restructuration des économies du Sud présente donc, pour notre pays, à la fois des défis (à travers la plus grande concurrence que notre secteur manufacturier doit affronter au Canada et sur le marché mondial) et des possibilités.

Quelle devrait être la réaction du gouvernement? À côté de la négociation (via l'ALENA ou le GATT) d'accès aux marchés naissants du monde en développement, des pressions grandissantes sont en train de s'exercer pour que les fonds d'aide servent à promouvoir les liens d'affaires. **Nous affirmons que son liement ne constitue pas un usage efficace de l'assistance au développement.** La meilleure manière de renforcer nos valeurs et nos intérêts, passé l'intérêt économique à court terme, sera plutôt de concentrer nos rares ressources d'aide sur le soulagement de la pauvreté et sur la promotion de normes politiques, sociales et environnementales.

> *«Le Canada est largement devenu une nation du Pacifique dans les années 80 quand son commerce avec l'Asie a dépassé celui avec l'Europe. Mais ses intérêts dans la CEAP ne s'arrêtent pas à l'influence qu'elle lui permet d'exercer sur les politiques économiques; le Canada voit en l'organisation une tribune où discuter des grands dossiers de sécurité . . .» Heather Gibb, La quête de la croissance à travers le Pacifique : Les 15 économies de la CEAP resserrent leurs liens, Synthèse B35 de l'INS, 1993, p. 1.*

L'ÉVOLUTION DES POLITIQUES DU CANADA ENVERS LE SUD

Un réexamen de toute la gamme des intérêts du Canada et de ses politiques envers les pays en développement s'impose depuis longtemps. Un débat a couvé dans le public au sujet des niveaux de l'aide, de son efficacité et du choix des filières et des bénéficiaires – débat attisé par les coupures d'aide, l'examen de la gestion de l'ACDI (le «Rapport SECOR»), les rapports critiques du Vérificateur général et de la Banque mondiale (à propos du taux de succès de ses propres projets) et les fuites de documents officiels. Les questions du respect des droits de la personne, du commerce des armes, et de la politique commerciale en général, ont été soulevées de façon intermittente, tandis que celle du maintien de la paix occupe une place élevée dans les préoccupations d'aujourd'hui.

Peut-être à cause des pressions budgétaires, l'attention s'est beaucoup concentrée sur la relation d'aide. C'est un volet important, mais il existe beaucoup d'autres instruments de politique étrangère avec lesquels le gouvernement canadien peut stimuler le développement dans le Sud, en donnant le rôle principal à différents ministères ou départements et en usant de différents niveaux de financement. Il faudrait en étudier toute la gamme. Avec certains pays, il pourrait convenir de se concentrer sur le commerce, d'envisager des mécanismes de promotion commerciale, qui n'exigeraient peut-être pas tous des débours budgétaires (par exemple la libéralisation de marchés de services n'exigerait peut-être pas plus que consacrer du temps de personnel aux négociations). Avec d'autres, l'engagement budgétaire pourrait être aussi minime qu'une assistance à la formation de groupes pour la défense des droits de la personne. Enfin, avec les pays les plus démunis, on pourrait combiner tout à la fois des biens et services financés par l'aide et des politiques commerciales.

Ce qu'il faut, c'est procéder à un réexamen approfondi, pays par pays, des besoins en développement et des intérêts du Canada, puis sélectionner la combinaison appropriée d'instruments de politique.

(Trois cas se trouvent illustrés à l'annexe I)

Le présent document se penche sur trois principaux instruments à notre disposition : l'aide, la finance, le commerce.

AIDE

Pour relever les défis du soulagement de la pauvreté, nous préconisons d'apporter quatre grands changements à la politique :

- Concentrer l'aide sur les gens les plus pauvres – au niveau de son affectation tant par pays que par programme – en ajoutant une stratégie expressément destinée à combattre les inégalités de la femme.
- Délaisser l'aide liée et mettre plutôt l'accent sur une plus large (macro-) conditionnalité.
- Faire un plus large usage des filières multilatérales.
- Rétablir une réelle croissance dans nos niveaux d'assistance.

CONCENTRER L'AIDE SUR LES PLUS PAUVRES

La réduction de la pauvreté devrait constituer la priorité première et primordiale dans l'assistance au développement du Canada, quelle que soit la filière utilisée. L'Institut Nord-Sud s'inquiète du montant d'aide insuffisant mis à la disposition des populations les plus pauvres. Notre recherche a montré que, fait un peu pervers (et contraire à l'objectif premier de la politique énoncée dans le document stratégique le plus récent et le plus complet de l'ACDI, intitulé *Partageons notre avenir*) une part importante de l'assistance bilatérale du Canada va à des pays à revenu intermédiaire plutôt qu'aux plus pauvres. (Ceci traduit peut-être le souci d'employer l'aide pour promouvoir les exportations canadiennes – une question que nous creusons ci-dessous). Il existe en réalité une corrélation **négative** entre le montant d'assistance bilatérale par habitant qu'un pays reçoit du Canada et son niveau de revenu par habitant. Cette situation doit être inversée.

Il nous faut envisager d'autres options d'affectation, comme aux tableaux 1a et 1b. Nous nous concentrons ici sur les 40 principaux bénéficiaires de l'aide canadienne (absorbant plus de 80 % de la bilatérale) et sur les transferts inter-gouvernements (représentant environ la moitié de cette même assistance bilatérale) où le gouvernement canadien a la plus grande discrétion. Ce dernier est moins en mesure d'influencer l'affectation dans les autres apports inter-pays, comme les programmes des organisations non gouvernementales ou les recherches financées par le Centre de recherches pour le développement international. Si nous reclassions les 12 principaux pays à revenu intermédiaire bénéficiaires de notre aide, à l'exception des Philippines et de la Thaïlande (deux pays à revenu intermédiaire de la tranche inférieure qui comptent d'importantes populations de pauvres) et réaffections les ressources aux 26 pays les plus pauvres, nous pourrions accroître de 30 % l'assistance que nous apportons aux pays à faible revenu (voir les tableaux 1a et 1b)[4]. Ce serait un moyen de rétablir l'aide coupée à l'Afrique subsaharienne dans le budget de 1993-1994, qui risque de faire pencher encore davantage notre assistance vers les pays plus riches.

De cette façon, on réduirait aussi la dispersion de l'aide bilatérale, étalée sur un assez grand nombre de pays – un facteur qui nuit à son efficacité (voir, par exemple, les rapports 1993 et antérieurs du Vérificateur général, et le rapport SECOR).

Tableau 1a (Option 1)
Autre option de répartition de l'aide entre les 40 principaux bénéficiaires de l'aide inter-gouvernements du Canada (1989-1991)

Groupe de pays	Actuelle (1991-1992) M $	%	Option 1 (1994-1995) M $	%
26 à faible revenu	658,2	72.5	862,5	95.0
Philippines et Thaïlande	45,7	5.0	45,7	5.0
12 autres à revenu intermédiaire	204,3	22.5	0	0
Total	908,2	100.0	908,2	100.0

Tableau 1b (Option 2)
Autre option de répartition de l'aide entre les 40 principaux bénéficiaires de l'aide inter-gouvernements du Canada (1989-1991)

Groupe de pays	Actuelle (1991-1992) M $	%	Option 2 (1994-1995) M $	%
Afrique à faible revenu	315,6	34.8	406,9	44.8
Asie à faible revenu*	350,4	38.5	452,3	49.8
Amériques à faible revenu	37,9	4.2	49,0	5.4
12 autres à revenu intermédiaire	204,3	22.5	0	0
Total	908,2	100	908,2	100
Total Afrique	445,1	49.0		
Total Asie	367,6	40.5		
Total Amériques	95,5	10.5		
Total	908,2	100.0		

*L'Asie à faible revenu inclut, dans cette hypothèse, les Philippines et la Thaïlande.

Option 1

Suppose aucune aide inter-gouvernements aux pays à revenu intermédiaire[a], sauf aux Philippines et à la Thaïlande qui ont d'importantes populations de pauvres. L'aide des pays à revenu intermédiaire est entièrement réaffectée aux 26 pays à faible revenu[b] du groupe des 40 principaux bénéficiaires de l'assistance canadienne. Les pays de moins d'un million d'habitants sont omis de l'analyse.

Option 2

Suppose aucune aide inter-gouvernements aux pays à revenu intermédiaire, sauf aux Philippines et à la Thaïlande, incluses dans l'Asie à faible revenu. L'aide des pays à revenu intermédiaire est réaffectée aux 3 régions en proportion de l'aide inter-gouvernements bilatérale des pays à faible revenu qu'elles ont chacune reçue en 1991-1992. Les pays de moins d'un million d'habitants sont omis de cette analyse.

[a]Les pays à revenu intermédiaire du groupe des 40 principaux bénéficiaires de l'aide inter-gouvernements du Canada (1989-1991) comprennent : Bolivie, Cameroun, Costa Rica, Côte-d'Ivoire, Gabon, Jamaïque, Jordanie, Maroc, Pérou, Sénégal, Tunisie, Mozambique.

[b]Les pays à faible revenu comprennent : Bangladesh, Burkina Faso, Chine, Égypte, Éthiopie, Ghana, Guinée, Haïti, Honduras, Inde, Indonésie, Kenya, Malawi, Mali, Mozambique, Népal, Nicaragua, Niger, Ouganda, Pakistan, Rwanda, Soudan, Sri Lanka, Tanzanie, Zaïre, Zambie.

Le reclassement de bénéficiaires de l'aide devrait être souligné comme un progrès, non une punition. Pour le maintien de relations diplomatiques positives, il serait à introduire sur deux ou trois ans. Le Canada conserverait des politiques actives à l'égard des pays reclassés, mais elles se situeraient principalement hors du champ de l'assistance. Certains projets d'aide pourraient continuer à être offerts, mais d'une manière très sélective et pour un total bien plus restreint (mettons, pas plus de 5 % du budget annuel de l'aide bilatérale au lieu des quelque 23 % qui vont actuellement aux pays à revenu intermédiaire). Ils viseraient à bâtir et entretenir un ensemble de relations entre le Canada et les pays en développement plus avancés, qui iraient d'échanges universitaires et culturels à des liens d'affaires et des activités d'ONG. Ainsi, dans le cas de l'environnement, des travaux conjoints sur l'incidence d'autres règles commerciales, ou bien sur le lien avec les droits indigènes, pourraient-ils profiter à la fois aux pays en développement et au Canada. Et les travaux d'ONG du Canada et de pays du tiers-monde sur les dossiers de la pauvreté ou des droits de la personne, par exemple, ont également un précieux rôle à jouer. Outre leur utilité immédiate, de tels projets aident à entretenir le dialogue avec ces pays, et peuvent offrir des modèles utiles aux moins avancés. Pour finir, beaucoup de pays continueraient à pouvoir bénéficier du financement des banques multilatérales de développement.

Mais les relations avec les pays autres que de concentration seraient promues principalement par le gouvernement canadien, par le biais du commerce et des apports financiers commerciaux. Des crédits à l'exportation seraient par exemple offerts – mais à des conditions commerciales. Si l'on juge que les exportateurs canadiens se trouvent désavantagés parce que d'autres nations utilisent le «crédit mixte», on pourrait recourir à des subventions, mais elles ne devraient pas venir du budget de l'aide; elles viendraient plutôt d'autres fonds ministériels (comme le Programme de développement des marchés d'exportation). Autre exemple d'une politique «hors aide» qui profiterait plus que d'autres aux pays reclassés : la levée des contrôles sur les fonds de pensions canadiens et la création d'une agence publique des investissements-participations. (Ces propositions sont approfondies ci-dessous à la section «Favoriser les mouvements de capitaux participatifs vers le Sud», p.37).

Un autre moyen de garantir que l'aide atteint un plus grand nombre des plus pauvres, c'est de la **concentrer sur les «secteurs humainement prioritaires»**, autrement dit les programmes sociaux tels que les services élémentaires de santé et d'éducation et les aménagements infrastructurels de base (comme l'approvisionnement en eau potable et les réseaux d'égouts). Il faudrait le faire de telle manière qu'on s'attaque à la misère disproportionnée dont souffrent les femmes. À cause des problèmes éprouvés avec les définitions et des procédures des rapports de l'ACDI, on a du mal à déterminer exactement la part de l'aide bilatérale canadienne qui est allée à ces programmes, mais nul doute qu'elle est insuffisante. Selon les calculs de l'Institut Nord-Sud, 5 % seulement de notre aide bilatérale aux 10 pays comptant le plus grand nombre de pauvres tombe dans ces secteurs, tandis que la part pour toute notre aide bilatérale est d'environ 10 %. Le PNUD a fixé aux donneurs une cible de 20 %, que les bénéficiaires doivent égaler en consacrant 20 % de leurs budgets aux mêmes secteurs - ceci équivaut en gros aux 25 % que le Parti libéral a proposé d'affecter aux besoins humains essentiels (voir l'annexe II). L'importance des programmes sociaux pour le développement sera mise en relief au Sommet mondial du développement social qui se tiendra en 1995 (voir également l'encadré «Commerce et droits de la personne», p. 45).

Les ONG canadiennes sont peut-être mieux placées pour toucher les gens les plus pauvres, et oeuvrer avec eux, qu'un organisme d'aide public oeuvrant à travers les gouvernements ou qu'une société du secteur privé[5]. De plus, l'exemple des ONG du Nord a eu une influence incalculable en encourageant le développement d'ONG communautaires dans le Sud, parfois au sein de solides partenariats avec des organismes canadiens (comme dans le cas du programme Développement des ressources humaines Philippines-Canada). Il va de soi que tous les projets ne conviennent pas aux ONG. Il existe des projets (disons, dans le développement rural intégré) dont la taille dépasse leur capacité; et il en est d'autres (comme des programmes d'entretien des routes ou d'assistance sociale)

> «[Les ONG] ont généralement en commun une conception originale du développement, un développement tourné vers la personne, pointé sur la pauvreté, et indépendant.» Tim Brodhead et autres, Ponts de l'espoir? Les organismes bénévoles canadiens et le tiers-monde, L'Institut Nord-Sud, Ottawa, 1986, p. 49.

qu'on pourrait fort bien confier aux gouvernements locaux, là où ils fonctionnent.

Le secteur privé devrait aussi jouer un rôle, en s'inspirant de l'expérience des ONG. La Banque de Nouvelle-Écosse en a récemment donné un exemple frappant au Guyana, sur le modèle de la Grameen Bank au Bangladesh. En mai 1993, sa nouvelle division des micro-prêts, Scotia Enterprises, commençait à accorder ses premiers prêts sans nantissement de 130 dollars américains à des petits entrepreneurs, notamment des femmes, qui s'organisent en groupes pour assurer le remboursement. Trois mois après, plus de 600 prêts avaient été réalisés et 720 comptes d'épargne ouverts. Cet exemple et d'autres viennent le montrer : le développement pointé sur la pauvreté n'est pas seulement une action équitable, mais logique du point de vue commercial. Un autre exemple intéressant est le programme lancé par l'Association des exportateurs canadiens pour appuyer des petites entreprises noires en Afrique du Sud.

«Rares sont les sociétés canadiennes qui verraient leur rôle comme «du développement». Pourtant, la plupart «font du développement» dans le courant de leurs affaires quotidiennes, souvent sans en être conscientes. Elles affectent les politiques et les institutions locales et influencent les conditions économiques et sociales.»
Martin Connell dans «Beyond Philanthropy: Corporate Responses to Third World Development Priorities», dans L'Institut Nord-Sud, The Canadian Private Sector and Third World Development, Ottawa, 1987, p. 30.

DÉLAISSER L'AIDE LIÉE . . .

Délier l'aide canadienne d'objectifs commerciaux est une chose indispensable pour que l'ACDI puisse se concentrer d'une manière plus concertée sur le soulagement de la pauvreté. En fait, en haussant la part de l'assistance que nous destinons aux pays les plus démunis et aux programmes sociaux, voire à de petits projets créateurs de revenus, on va diminuer les possibilités de la lier à l'achat de biens et services canadiens. Une aide mue par l'offre n'est pas la manière la plus efficace de satisfaire les besoins essentiels, et peut être difficile à

absorber pour le pays bénéficiaire[6]. En outre, le coût inférieur des biens et services achetés ailleurs va faire grimper la valeur réelle de l'aide transférée par le Canada : aux dires de la Banque mondiale, le liement imposerait une taxe de 15 % sur chaque dollar d'assistance.

Selon l'OCDE, la plupart des programmes d'aide des pays développés comportent en cela un sérieux défaut systémique, qui ne va pas seulement à l'encontre des efforts pour accroître l'emploi efficient des rares ressources publiques, mais contredit également ceux qui visent à renforcer les principes du commerce multilatéral[7]. (Les membres du GATT ont traditionnellement exempté leurs programmes d'APD de toute libéralisation des marchés publics.) **Le Canada devrait appuyer les initiatives au sein du CAD (Comité d'aide au développement) afin d'élucider l'ampleur du liement de l'aide pratiqué par les différents donneurs et de freiner son utilisation.**

Dans le système canadien actuel, si l'on exclut l'aide alimentaire, il est possible de délier jusqu'à la moitié de l'assistance bilatérale accordée aux pays les plus pauvres et à tous les pays de l'Afrique subsaharienne, tandis que c'est le tiers pour les autres pays. Ce déliement sert principalement à accroître le montant consacré à l'achat de biens et de services dans le pays bénéficiaire ou chez des voisins, et à aider ainsi à développer les capacités du Sud. Ce déliement partiel est distinct du déliement total qui va permettre d'utiliser l'assistance canadienne pour acheter les biens et services à des fournisseurs plus compétitifs de pays développés. Comme l'indique le tableau 2, à en juger d'après la catégorie «partiellement déliée», la part des achats réalisés dans le Sud a augmenté, mais la part totalement déliée de l'aide bilatérale a légèrement diminué pour tomber largement au-dessous des États-Unis ou du CAD. (NB : À cause de sa part relativement élevée dans le total de l'assistance canadienne, l'aide multilatérale, qui est en majeure partie non liée, fait se rapprocher le niveau de déliement canadien de la moyenne.)

Idéalement, les agents de l'ACDI ne devraient être soumis, croyons-nous, à aucune limite en matière d'achats canadiens. En pratique, nous recommandons d'inverser les limites, c'est-à-dire de passer d'un plafond à un plancher – il y aurait des appels d'offres pour les contrats d'au moins la moitié de l'aide accordée aux plus pauvres. Ceci laisserait un important montant à la disposition des organismes canadiens. Et le critère utilisé pour choisir le fournisseur

devrait être ici la capacité de soulager la pauvreté, plutôt que la promotion de liens avec des entreprises (ou des ONG) canadiennes.

Nous nous opposons, pour les mêmes raisons, à un fonds aide-commerce à la britannique[8]. L'expérience du Royaume-Uni enseigne qu'il a peu de chances d'endiguer les pressions commerciales sur le restant du programme d'assistance. Fait encore plus important, son incidence au plan du développement peut se discuter, comme en a témoigné la récente controverse du barrage de Pergau en Malaisie; c'est d'ordinaire une coûteuse manière d'aider. Il n'existe aucune preuve systématique que ce serait un moyen efficace de promouvoir des liens commerciaux durables avec les pays en développement. Qui plus est, l'histoire des marchés passés par les banques multilatérales de développement démontre que les compagnies du Canada sont fort habiles à décrocher des contrats au terme des appels d'offres; malheureusement, elles ont tendance à ne pas soumissionner aussi souvent que celles des autres pays. Enfin, l'expérience de l'agriculture montre que nous ne pouvons rivaliser avec le trésor de guerre commerciale des États-Unis ou de l'Union européenne[9].

Tableau 2
État du liement de l'APD bilatérale

	Canada 1987	Canada 1990	États-Unis 1990	CAD 1990
Entièrement déliée	45.2	38.8	69.5	60.6
Partiellement déliée	6.4	18.0	7.9	6.6
Entièrement liée	48.4	43.2	22.6	32.9
Bilatérale totale	**100.0**	**100.0**	**100.0**	**100.0**
(Part multilatérale dans l'APD totale)	(32.4)	(34.4)	(12.7)	(22.0)

Source: A. Clark et M. Arnaldo, «Preliminary Report on Implementation of *Sharing Our Future*», L'Institut Nord-Sud, 1993 (miméographié), tableau 32a; OCDE, *Coopération pour le développement, Rapport 1992*, tableau 33.

... Et Mettre Plutôt L'Accent
Sur Une Plus Large Conditionnalité

En plus de préconiser de l'affranchir de la contrainte d'acheter des biens et services canadiens, nous affirmons que l'aide du Canada aurait une plus grande efficacité si l'ACDI allait plus loin que la micro-gestion de projets pour se concentrer sur de plus larges objectifs de politique au niveau du pays. Il faut par exemple que des politiques économiques stables soient instaurées dans les pays partenaires pour que l'aide ne vienne pas remplacer un capital qui fuit mais compléter l'épargne nationale, et que la dépendance à l'égard de l'assistance diminue à plus longue échéance. Si on réduit la part des dépenses militaires dans le budget des gouvernements bénéficiaires, on risque de réduire sa fongibilité (autrement dit que les apports d'aide permettent le report de dépenses sur la défense). De la même manière, il est important de favoriser des gouvernements transparents et qui ont des comptes à rendre (par exemple en consolidant la fonction du vérificateur général local) pour restreindre les possibilités de mauvais emploi des fonds d'aide.

En plus de concentrer notre aide-projets sur les plus pauvres, nous devons veiller à ce que le reste de notre soutien financier, bi- ou multilatéral, ne serve pas à miner les programmes sociaux et le soulagement de la pauvreté – comme on semble l'avoir fait avec la conditionnalité économique dans bien des pays – mais soit mis au service de la réduction de la pauvreté[10]. Afin d'atteindre les gens les plus pauvres, il ne va pas seulement falloir changer les priorités au Canada, mais aussi inciter les pays en développement à modifier les leurs; par exemple, pour accorder une plus grande attention au secteur «informel» en milieu urbain et rural, aux femmes, aux dépenses sociales plutôt que militaires et, dans les dépenses sociales, aux services d'éducation et de santé primaires plutôt que secondaires ou tertiaires. De plus, comme l'ONU l'a souligné à sa conférence de juin dernier, le respect des droits de la personne devrait être considéré comme une condition centrale pour le développement durable d'un pays. Le Canada devrait poursuivre ses expériences avec l'appui au développement démocratique.

Les plus gros donneurs ont peut-être de plus grandes possibilités que le Canada d'amener les bénéficiaires à adopter les politiques nécessaires pour appuyer les efforts d'aide. Un important facteur est

esoin de l'assistance. Pour la majorité des régions et des pays, tout à revenu intermédiaire, la part de l'aide nette représente 1 % ou moins du PNB; pour les pays les moins développés et de l'Afrique subsaharienne, elle atteint cependant 11 %, et dans le cas des grands bénéficiaires de l'aide canadienne (c'est-à-dire les 24 principaux pays à faible revenu) la médiane est 12,6 %[11]. (La part de l'aide dans les entrées de devises est peut-être une meilleure jauge de l'influence.) L'influence du Canada se trouve en outre limitée par le fait que, dans la majorité des pays, il vient en quatrième position ou plus bas au rang des donneurs occidentaux. Les exceptions sont le Guyana (où nous sommes le deuxième plus gros donneur avec 44 % de toute l'APD bilatérale), la Jamaïque et le Ghana (le troisième avec 11 %, dans les deux cas) et le Bangladesh (le troisième avec 9 %)[12].

FAIRE UN PLUS LARGE USAGE DES FILIÈRES MULTILATÉRALES

Dans bien des cas, le meilleur moyen pour le Canada de s'assurer de l'influence est en coopérant avec d'autres pays, par l'entremise des groupes de coordination de donneurs, ou celle des BMD (banques multilatérales de développement). De même, notre capacité d'influencer le comportement en matière de droits de la personne d'un pays par le biais de sanctions commerciales sera minime si la majorité des autres nations commerçantes n'emboîtent pas le pas.

Le Canada devrait maintenir son large appui pour les organismes multilatéraux, véhicule permettant de poursuivre efficacement plusieurs objectifs de politique étrangère bien au-delà des frontières de nos capacités unilatérales. Ils sont particulièrement importants pour l'amélioration de nos relations avec les pays en développement. Dans un même temps, le Canada devrait profiter de la position exceptionnelle dont il dispose afin de réclamer des réformes au sein de ces organisations.

«Car malgré tous ses problèmes, l'aide multilatérale peut mobiliser nettement plus de ressources financières et techniques que la bilatérale, et atténuer le jeu des intérêts politiques et économiques nationaux dans les relations Nord-Sud.» David R. Protheroe, L'aide multilatérale sous la loupe, Synthèse B-32 de l'INS, 1991, p. 1.

Une plus grande coordination avec les autres donneurs peut s'atteindre par l'entremise des organismes multilatéraux, dont les BMD. En plus d'assurer des économies administratives aux donneurs, et d'autoriser une répartition des risques lors de l'expérimentation de nouvelles formules de développement, les organismes en question mettent moins à contribution les rares ressources de gestion des pays bénéficiaires en réduisant les doubles emplois et même les contradictions. Ils peuvent rehausser l'efficience de l'assistance grâce à leur politique d'achats non liés. Ils sont moins susceptibles de visées politiques flagrantes que les organismes bilatéraux, et offrent donc un bon véhicule pour le dialogue Nord-Sud et, même, Sud-Sud.

Le Canada joue déjà un rôle actif au GATT, aux Nations Unies et dans leurs institutions spécialisées, dont les IFI (institutions financières internationales). La portion multilatérale de son aide s'est maintenue autour de 33 %, mais la part interne des IFI a légèrement augmenté (de près de 2 %) depuis 1988-1989, passant à 18,5 % en 1990-1991, ce en partie à cause du caractère à long terme des engagements envers ces institutions. Le corollaire a été une diminution de la portion des autres organismes de l'ONU.

Ce changement de répartition a éveillé des critiques. Dans la communauté des ONG, on n'a pas été d'accord avec les mesures économiques que prescrivaient les IFI et les conséquences écologiques que risquaient d'avoir certains mégaprojets financés. L'insatisfaction inspirée par leurs structures de responsabilité s'est doublée d'une prédilection pour les politiques et projets du type mené par les autres organismes multilatéraux (comme l'UNICEF). Au sein du gouvernement, on s'est interrogé au sujet de la prise qu'avait le Canada sur les politiques des IFI – et de leur efficacité – à la suite des récents comptes rendus de prêts improductifs (tels que l'évaluation faite de la Banque mondiale par son ancien vice-président Willi A. Wapenhans). Le monde des affaires préfère l'aide bilatérale, plus accessible aux fournisseurs canadiens – ou une aide multilatérale davantage liée à l'achat de biens et services canadiens via un plus large recours aux «fonds fiduciaires»[13]. De tels instruments viennent fragmenter les modes de passation des marchés et saper un gros avantage de l'assistance multilatérale : la capacité de s'approvisionner au moindre coût, et d'étirer ainsi les rares ressources d'aide.

L'appartenance à des organisations comme les banques régionales de développement assure au Canada plus d'influence qu'il ne pourrait en gagner avec ses activités bilatérales. En outre, le nombre des marchés de biens et services canadiens que les banques de développement passent à travers les appels d'offres est élevé, ce qui prouve que les entreprises canadiennes n'ont pas toujours besoin de subventions pour vendre au tiers-monde[14]. Le Canada devrait, de conserve avec d'autres pays à la même optique (comme la Scandinavie et les Pays-Bas), faire pression pour des changements dans le fonctionnement des banques, afin de réduire les frais d'administration, d'améliorer les structures de responsabilité, d'accroître la participation de pays en développement, et d'encourager des politiques qui privilégient les pauvres, que ce soit au plan des droits politiques ou économiques. Ces options s'affaibliraient avec une diminution de nos cotisations et la possibilité connexe que le Canada perde son siège au conseil d'administration d'une ou plusieurs des banques.

À une époque où rétrécissent les budgets d'aide, les choix entre l'assistance multilatérale et la bilatérale s'avèrent peut-être plus austères que par le passé. Ils devraient être éclairés par un plus large débat public sur les visées, les stratégies et les concours financiers du Canada dans le secteur multilatéral, par opposition au bilatéral. Une plus grande transparence envers le public canadien pourrait s'atteindre au moyen de rapports publiés à intervalles réguliers par nos administrateurs (qui rendraient compte de ce qu'ils font dans les conseils d'administration pour imposer les orientations canadiennes, par exemple sur le front du soulagement de la pauvreté et du respect des droits de la personne), et de mécanismes créés à l'extérieur pour examiner les projets. La Banque mondiale a déjà fait quelques pas dans cette voie, en établissant : un centre d'information publique (à la mi-1993) pour renseigner très tôt sur ses programmes et ses projets, un médiateur et un comité d'inspection indépendant pour s'occuper

«*Une stratégie multilatérale à l'égard du développement démocratique pourrait contribuer à atténuer les susceptibilités compréhensibles des PMD quand il est question de la souveraineté et de l'imposition de valeurs étrangères.*» G. Schmitz et D. Gillies, *Le défi du développement démocratique*, L'Institut Nord-Sud, 1992, p. 104.

des plaintes, et un groupe de travail Banque-ONG. Le gouvernement canadien doit compléter ces efforts à domicile, pour aider à constituer une «clientèle» pour les institutions multilatérales.

On s'est interrogé sur les réformes économiques qui étaient escomptées des pays en développement avant qu'ils puissent tirer des fonds auprès des institutions multilatérales, ou obtenir d'elles le sceau d'approbation indispensable pour accéder au financement bilatéral et du secteur privé. Il faut examiner si ces politiques sont efficaces sous l'angle économique et conviennent pour atteindre un ensemble d'objectifs davantage axés sur l'humain, et faire de même avec les types d'instruments financiers offerts. **Le Canada devrait imiter l'exemple des Scandinaves qui encouragent (et aident financièrement) les pays en développement à solliciter d'«autres avis» sur les stratégies de développement qui conviennent, pour en discuter avec d'autres donneurs et les BMD.** Dans le cas des pays à faible revenu et à revenu intermédiaire qui connaissent des problèmes d'ordre structurel avec leurs balances des paiements (comme les anciens membres du bloc de l'Est), l'emploi d'accords de confirmation à court terme est discutable, car il peut mener à l'exigibilité de remboursements avant que ne soit restructurée l'économie. Un supplément de ressources (sous forme d'un fonds de prévoyance à la Banque mondiale, par exemple) peut par conséquent s'imposer. (Le sujet de la dette multilatérale se trouve abordé ci-dessous.)

Il existe, à côté des BMD, beaucoup d'autres organismes multilatéraux qui s'emploient à promouvoir les intérêts du Canada et ceux du tiers-monde dans l'économie en train de se mondialiser – certains avec plus d'efficacité que d'autres. Le GATT et l'OIT (pour ne nommer que ceux-là) ont déjà été cités. Les sphères de responsabilité de ces diverses instances se recoupent de plus en plus, mais leur aptitude à affronter

> «La complexité, la sensibilité politique et l'universalité propres aux dossiers comme la réforme de l'économie, l'incidence sur l'autre sexe, l'environnement et la gérance publique font du multilatéralisme une filière bien plus attirante que l'aide bilatérale pour la coopération au développement.» Roy Culpeper, «Canada and the Multilateral Development Banks». Exposé présenté à la conférence 1993 de l'ACEDI, Ottawa.

les problèmes économiques difficiles, d'une façon démocratique et équitable, et à contribuer à la sécurité économique mondiale, semble diminuer. Or, comme les pouvoirs de contrôle **nationaux** sur les mouvements de capitaux, de biens et de services se sont amenuisés, il est d'autant plus urgent que des organismes **internationaux** parviennent à assumer certaines de ces fonctions. (Ceci pose un autre défi : veiller à ce que le citoyen moyen ait voix au chapitre dans ces organismes). Les Nations Unies pourraient jouer ici un rôle important à l'orée du nouveau siècle, en le poussant plus loin que la rationalisation et la coordination de ses diverses institutions pour aller jusqu'à la création d'un Conseil économique mondial. Pour qu'il soit efficace, il devrait y avoir une complète redistribution des pouvoirs entre la Banque mondiale, le Fonds monétaire international, et le reste du réseau de l'ONU.

RÉTABLIR UNE RÉELLE CROISSANCE DANS NOS NIVEAUX D'ASSISTANCE

Le budget de l'assistance a été la cible de coupures disproportionnées les dernières années. Un montant de près de 5 milliards de dollars – égal au double de l'aide d'une année – a été amputé de la croissance projetée au cours de la période 1989 à 1996. C'est en gros un tiers de plus que la réduction relative des dépenses de la défense durant ces années, même quand on tient compte des coupures annoncées dans le budget de 1994-1995. Ces réductions répétées ont complètement désorganisé le processus de planification et de décaissement de l'ACDI (voir Vérificateur général du Canada, *Rapport 1993*). L'assistance canadienne n'a pas su progresser au rythme du produit national brut, de sorte que notre cible d'une aide égale à 0,7 % de notre PNB n'a cessé de s'estomper dans un lointain avenir. Selon les dernières prévisions que l'Institut Nord-Sud a établies à la lumière du *Budget des dépenses 1994-1995*, le rapport Aide/PNB va tomber à 0,39 % cette année, à 0,37 % en 1995-1996 et à 0,35 % en 1996-1997 (voir le graphique 1). Au lieu de la cible fort éloignée de 0,7 %, il serait plus utile de convenir d'une croissance réelle minimale dans notre programme d'assistance. Par exemple, comme minimum, **nous proposons qu'on s'engage à maintenir le taux de croissance réel de 2,4 % par an qui a été enregistré au cours des années 80 dans le total**

de l'assistance des pays développés[15]. Mais si la croissance du PNB canadien devait dépasser ce niveau, nous préconiserions une augmentation équivalente dans l'APD.

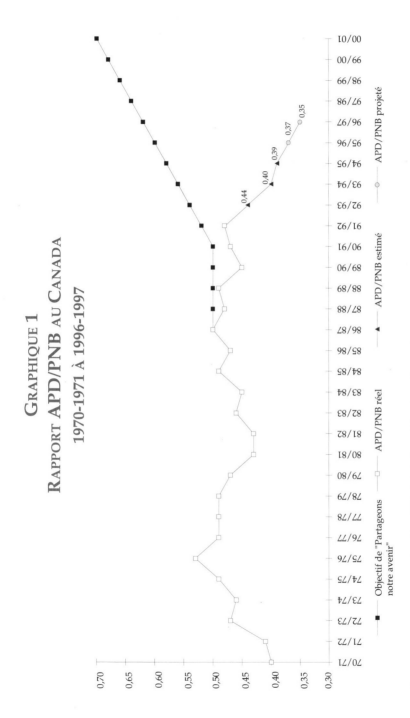

GRAPHIQUE 1
RAPPORT APD/PNB AU CANADA
1970-1971 À 1996-1997

Sources : *Rapport annuel 1991-1992 de l'ACDI, L'Institut Nord-Sud.*

La Finance Et La Dette

IL EST CRUCIAL QUE DES RESSOURCES APPORTÉES AUX PAYS DU Sud viennent appuyer leurs efforts nationaux pour combiner de dures réformes économiques avec des gouvernements plus pluralistes. «. . . compte tenu de l'importance de l'enjeu et du fait que les pays développés ont de toute évidence intérêt que la réforme soit couronnée de succès, tout doit être fait pour que le processus engagé ne se dilue pas sous le poids du service de la dette ou par manque de devises»[16]. Nous avons, pour cette raison, quatre initiatives à proposer dans les domaines de la finance et de la dette.

Le Canada devrait :

- Chercher à obtenir, via le G-7, l'engagement de maintenir les taux d'intérêt mondiaux à un niveau bas et stable.

- Favoriser l'octroi des conditions de la Trinité – et de meilleures – aux pays les plus pauvres, via le Club de Paris.

- Soulager les pays les plus pauvres de leurs dettes envers les IFI.

- Favoriser les mouvements de capitaux de participation privés (placements de portefeuille et investissements directs étrangers) vers les pays en développement.

- Poursuivre des alliances en dehors du G-7.

Maintenir Les Taux D'Intéret Mondiaux À Un Bas Niveau

On a assisté, les dernières années, à une remarquable reprise des mouvements de capitaux privés vers le Sud, surtout dans quelques pays plus riches d'Amérique latine et d'Asie, même si certains pays à faible revenu (comme la Chine, l'Inde et l'Indonésie) ont eu leur part. Ces capitaux se sont investis en bonne partie dans des actifs réalisables à court terme, pour profiter des différences dans les taux

d'intérêt réels offerts aux investisseurs dans le Sud; cependant, un volume croissant s'oriente vers les investissements participatifs, à une époque où fonds de pensions et fonds communs de placements vont chercher croissance et diversification dans les marchés d'outre-mer[17]. Lors des discussions monétaires au sein du G-7, le Canada devrait insister pour que les membres tiennent dûment compte des effets de leurs taux d'intérêt sur l'économie mondiale et, notamment, de la probabilité qu'avec le redressement de leurs économies et la reprise de l'inflation, la hausse de ces taux risque d'inverser le mouvement des capitaux. Ceci pourrait alors menacer les restructurations et libéralisations en cours dans plusieurs pays, et précipiter une nouvelle crise de la dette dans des pays qui sortent à peine des problèmes d'endettement des années 80. Qui plus est, l'épargne d'un nombre grandissant d'investisseurs du Nord se retrouverait en danger. Par contre, le règne de taux d'intérêt faibles et stables dans les grandes économies va aider à maintenir la demande pour les exportations du tiers-monde et à contenir le coût international du service des dettes.

OFFRIR LES CONDITIONS DE LA TRINITÉ – OU DE MEILLEURES – AUX PAYS LES PLUS PAUVRES

Les craintes du Nord de voir une crise bancaire éclater avec le problème de la dette tiers-mondiale se sont en général apaisées, tandis que l'endettement du tiers-monde est allé en s'atténuant et que le service de sa dette s'est allégé grâce à la progression plus rapide de ses exportations, aux conditions de plus en plus privilégiées, à la baisse des taux d'intérêt réels, et aux diverses initiatives pour réduire les dettes. Malgré cela, la dette non amortie continue à représenter un noeud coulant pour une soixantaine de pays en développement, dont beaucoup appartiennent à l'Afrique subsaharienne. Sans sa réduction, ils échoueront dans leurs efforts de redressement économique, et paieront un réel prix humain. Le revenu par habitant – qui a chuté en Afrique au-dessous du niveau de 1960 – continuera à se détériorer. Le service de la dette ne fait pas qu'absorber des ressources dont la nation a un urgent besoin pour sa consommation et ses investissements, afin d'améliorer ses perspectives

économiques; les conséquences fiscales d'un impc
surendettement sont également un facteur de dissuasion pour les
investisseurs nationaux et internationaux; enfin, les négociations à
mener autour de la dette viennent détourner les responsables
gouvernementaux de tâches plus productives[18].

Dans le cas de l'Afrique subsaharienne, la dette se chiffre à 200
milliards de dollars – ou plus des deux tiers du PNB – et allait
équivaloir, en 1993, à 237 % des recettes d'exportation de la région. À
titre de comparaison, en 1980, le rapport endettement/exportation
atteignait 91 %. Le service de la dette effectivement assuré par les pays
de l'ASS allait absorber, selon les prévisions, 13,5 % de leurs recettes
d'exportation en 1993; mais comme ils assuraient le service complet
d'à peine la moitié de leurs dettes, ils ajoutaient au surendettement
accumulé par la région[19]. Cette dette est en majeure partie «officielle»,
étant due à d'autres gouvernements (du «Club de Paris»[20]) et à des
organismes multilatéraux. Jusqu'ici, le Canada et d'autres pays ont
accepté de radier la moitié de leurs créances consolidées d'aide
bilatérale officielle qui sont admissibles (ce, dans le cadre des
«conditions améliorées de Toronto») en décidant cas par cas. Mais les
choses vont fort lentement et la question de l'encours de la dette n'est
toujours pas abordée[21]. Le Canada est en train de rééchelonner une
dette d'aide à conditions non privilégiées d'environ 1 milliard de
dollars (les chiffres exacts n'ont pas été publiés) que des pays à faible
revenu doivent à la Commission canadienne du blé et à la Société pour
l'expansion des exportations. Mais toutes ces négociations ont pris du
temps et largement manqué d'améliorer les entrées de fonds de l'ASS,
car les dettes tombant après une certaine date ont été exemptées.

Le Royaume-Uni a proposé de plus généreuses «conditions de la
Trinité», pour annuler entre les deux tiers et 80 % des dettes des pays
à faible revenu, y compris celles récemment accumulées. Aucun
autre grand donneur n'a encore souscrit à ce dispositif. Les
États-Unis préfèrent une réduction de 50 %, alignée sur l'allégement
que les donneurs ont accordé en 1992 à la Pologne et à l'Égypte – et
qui va coûter plus de 3 milliards de dollars au Canada dans les deux
prochaines décades[22]. **Le Canada devrait montrer qu'il appuie la**
proposition britannique, en prenant une mesure unilatérale, dont
le prix serait d'environ 100 millions de dollars. L'annulation de
toutes les dettes des pays les plus pauvres envers le Canada coûterait
250 millions de dollars.

Soulager Les Pays Les Plus Pauvres De Leurs Dettes Envers Les IFI

Une question particulièrement inquiétante est la dette grandissante envers les organismes multilatéraux (le FMI, la Banque mondiale et les banques régionales de développement). Dans les années 1980, elle a triplé, au point d'entrer pour un cinquième dans toutes les dettes du tiers-monde, et pour 40 % dans celles des pays plus pauvres gravement endettés. Conséquence perverse : les pays en développement sont maintenant une source de retransferts nets, inopportuns et des plus prématurés, aux institutions multilatérales, créées pour accroître l'accès du tiers-monde à des capitaux[23]. Les donneurs ont parfois utilisé leurs budgets d'aide pour assurer le service des dettes envers les IFI et acquitter les arriérés de pays connaissant de sévères pénuries de devises, afin qu'ils puissent obtenir de nouveaux crédits (plus avantageux) des IFI. Le Canada a pris la tête du groupe qui a aidé le Guyana.

Une solution plus stable serait de convertir les encours des dettes bi- et multilatérales aux conditions de l'IDA, très privilégiées (différé de 10 ans, remboursement sur 40 ans, intérêt de 0,75 %), en stipulant certaines cibles politiques à atteindre[24]. Si le FMI mettait toutes ses ressources à la disposition des pays à faible revenu à ces faibles taux, en les finançant par la vente de son or, il réduirait la création de fardeaux d'endettement et les ultimes ponctions dans les budgets d'aide. Une autre solution serait de transférer les dettes dues au Fonds monétaire, qui est avant tout une source de capitaux à court terme, à la Banque mondiale, où une partie des revenus nets (ou des bénéfices), au lieu de l'aide, pourrait servir à un allégement des intérêts[25]. En intervenant maintenant contre le problème de l'endettement, le Canada, et les autres pays donneurs, vont réduire l'exigence d'aides accrues dans l'avenir.

FAVORISER LES MOUVEMENTS
DE CAPITAUX PARTICIPATIFS VERS LE SUD

En plus des divers points soulevés ci-dessus (stabiliser les taux d'intérêt dans les pays du Nord, supprimer le surendettement bi- et multilatéral), il exite plusieurs mesures de politique que le Canada pourrait prendre, seul ou avec d'autres, pour stimuler les mouvements de capitaux participatifs vers le Sud. En abolissant les restrictions mises à l'investissement des fonds de pensions outre mer – le plafond est actuellement de 20 % – le Canada s'alignerait avec d'autres pays comme le Royaume-Uni et accroîtrait probablement l'investissement de tels fonds dans les nouveaux marchés en train d'émerger. Il pourrait également envisager de créer une entité comme la Commonwealth Development Corporation au Royaume-Uni ou la Deutsche Entwicklungsgesellschaft en Allemagne (deux sociétés publiques pour le financement du développement qui appuient des entreprises dans les pays du tiers-monde). Ce pourrait être un moyen de mobiliser notre propre secteur privé pour qu'il s'associe de plus près au développement par le truchement d'investissements participatifs. À part une certaine assistance technique, le gouvernement aurait peu de frais à supporter car les transactions financières n'affecteraient pas le budget. Enfin, en aidant les pays en développement à se doter de l'infrastructure pour réglementer les marchés financiers, on affermirait la confiance des investisseurs. **En même temps, il importe que le Canada oeuvre avec les autres pays pour s'assurer que les mouvements de capitaux participatifs concourent au développement du pays d'accueil – ce, par exemple, en relançant aux Nations Unies les négociations sur le Code de conduite des sociétés transnationales.**

> *«La participation du gouvernement [à un organisme de promotion de la participation au capital-actions] ferait cadrer l'activité des entreprises avec le programme d'aide et la politique étrangère du Canada, et garantirait leur bon comportement dans les projets qu'il soutient.» Roy Culpeper et Michel Hardy, L'investissement privé étranger et le développement : Des partenaires dans les années 1990?, L'Institut Nord-Sud, 1990, p. 46.*

Poursuivre Des Alliances En Dehors Du G-7

Depuis 1976, les chefs de gouvernement (et, depuis les années 1980, les ministres des Finances) des sept plus grands pays industriels du Nord (États-Unis, Japon, Allemagne, France, Royaume-Uni, Italie et Canada) se sont réunis annuellement pour discuter des problèmes économiques du monde et procéder à des échanges de vues sur leurs propres politiques.

Dans son rôle de mécanisme non officiel pour coordonner leurs politiques, le Groupe des Sept (ou G-7) a eu un succès limité – comme peuvent en témoigner les frottements qui persistent entre États-Unis et Japon sur les dossiers commerciaux, et la longue querelle dont est l'objet la politique agricole européenne.

Le G-7 a démontré une plus grande cohésion quand il s'agit de faire front à des problèmes de pays n'en faisant pas partie, surtout s'ils présentent une menace pour ses membres à lui. La crise de la dette du tiers-monde dans les années 80, la guerre du Golfe persique en 1990, la difficile conversion de l'ex-bloc soviétique en économies de marché dans les années 90 – tous ces dossiers se sont attiré une réaction politique plus ou moins uniforme de la part des Sept. Ces derniers prennent soin de coordonner leurs positions sur ces points au Fonds monétaire international et à la Banque mondiale, et ils exercent une profonde influence sur les ordres du jour. Les États-Unis exercent une fonction de direction au sein du groupe.

Pourtant, ce qui est bon pour le G-7 n'est pas nécessairement ce qu'il y a de meilleur pour l'ensemble du monde. Les Sept produisent peut-être les deux tiers de tout le PNB, mais leurs citoyens forment moins de 13 % de la population du globe. Ainsi, la stratégie qu'a adoptée le G-7 pour contenir les retombées de la crise de la dette du tiers-monde a peut-être aidé à sauvegarder les banques du Nord, mais elle a coûté des années de privation aux populations d'Afrique et d'Amérique latine.

En outre, si l'Amérique latine sort lentement de son endettement, l'Afrique subsaharienne, elle, continue à ployer sous le faix d'une dette de 200 milliards de dollars, due principalement aux gouvernements du Nord et aux institutions internationales. Le G-7 s'est bien moins soucié de ce restant du problème d'endettement, car il ne vient pas menacer le système financier du Nord. Par contraste,

il a accordé d'importants allégements de dettes à l'Égypte (pour la remercier d'appuyer les alliés dans la guerre du Golfe) et à la Pologne (pour avoir été le premier pays à sauter d'une économie planifiée à un capitalisme de marché).

Le G-7 a tenté de jouer à la «direction générale de l'économie mondiale», mais ceci a produit peu de fruits tangibles. L'expérience des 18 dernières années enseigne que les Sept devraient borner leurs discussions au réglement des problèmes existant entre eux, et résister à la tentation d'imposer des solutions aux autres 87 % de l'humanité.

Le Canada est facilement le plus petit pays du G-7, que ce soit par le PNB ou par la population. Peu de choses indiquent qu'il ait une grande influence dans le groupe. En fait, le Canada apparaît souvent comme un autre contrepoids sur lequel peuvent compter les États-Unis face à la force combinée des Européens. Il lui devient difficile de s'opposer ouvertement aux positions américaines ou de se faire le champion d'initiatives audacieuses qui ne serviraient pas les intérêts américains. Le principal avantage (assez limité) que retire le Canada est d'être dans le secret des grandes décisions sur les dossiers économiques et financiers, et de pouvoir adapter ses propres politiques en conséquence.

Dans le monde multipolaire en train d'émerger, il est logique de vouloir démocratiser les institutions qui gèrent le globe et d'associer le plus grand nombre de pays différents possible à la prise des décisions. Les coalitions mouvantes, plutôt que les blocs rigides, risquent de mieux représenter les réalités et les intérêts sous-jacents. Le Canada verrait peut-être ses intérêts mieux servis, par exemple, s'il formait une coalition avec la Scandinavie et les Pays-Bas (le «groupe des pays à la même optique») pour mener les dossiers de l'aide et du développement. Il pourrait aussi souhaiter nouer des alliances stratégiques avec d'autres moyennes puissances, y compris certains pays en développement.

Tout cela ne signifie pas que le Canada doit cesser d'être membre du G-7. Plutôt, qu'il doit être prêt à poursuivre ses intérêts d'une façon plus pragmatique en compagnie d'autres pays, à la fois au sein et au dehors du G-7.

LE COMMERCE

Nous avons dégagé deux larges thèmes en ce qui concerne le commerce.

Le Canada doit :

- Libéraliser davantage le commerce avec les pays en développement, surtout au profit des pays et des gens les plus démunis.

- Veiller à ce que les gens ayant à supporter les coûts de l'ajustement aient accès aux filets de sécurité sociaux qui conviennent.

LIBÉRALISER LE COMMERCE
AVEC LES PAYS PLUS PAUVRES

On assurerait des gains importants aux pays en développement si on abolissait les barrières commerciales au Canada et ailleurs. Les politiques actuelles se montrent discriminatoires à l'égard des produits mêmes que les pays en développement sont les plus aptes à exporter (et, dans certains cas, tentent d'exporter avec l'appui de l'ACDI[26]). Les plus flagrantes contradictions se trouvent dans les restrictions que nous appliquons en vertu de l'AMF (Accord multifibres) aux vêtements importés du Bangladesh – le plus gros bénéficiaire de notre aide – malgré la part minuscule (bien moins de 1 %) que ce pays se taille dans le marché canadien. Si le Canada levait unilatéralement ces restrictions, le gain net pour le Bangladesh équivaudrait à 370 millions de dollars, soit près de trois fois le niveau de notre aide inter-gouvernements[27].

Outre les protections contre les vêtements, il est toute une gamme de mesures (allant des hausses tarifaires aux actions antidumping) qui visent de manière disproportionnée les produits de pays en développement. Les tarifs douaniers que le Canada applique à ces produits sont en général plus élevés que ceux des États-Unis ou de l'Union européenne. Les droits antidumping qu'il a imposés sur les importations du tiers-monde entre 1985 et 1992 ont atteint 42 % en

moyenne, ou plus du quadruple de ses tarifs douaniers moyens sur les produits du Sud. Souvent en place depuis plus de neuf ans, ces mesures ont causé une importante chute dans la part de marché des exportateurs visés[28].

Ces politiques pratiquées au Canada et dans d'autres pays développés viennent entraver les restructurations économiques entamées dans le tiers-monde et menacer leur durabilité. Plusieurs pays en développement sont en train d'éprouver de sérieux problèmes avec leurs balances des paiements car ils ont libéralisé plus radicalement leurs importations que le Nord, et elles ont crû plus rapidement que leurs exportations. Il existe toutefois le danger que le plus large recours aux droits antidumping pratiqué au Nord va causer la prolifération de régimes analogues dans le Sud, et créer de l'incertitude pour les exportateurs canadiens.

Des changements dans les politiques commerciales du Canada sont importants pour compléter sa politique d'aide. De grandes mesures sont en train d'être adoptées dans le cadre de la ronde de négociations de l'Uruguay, que ce soit pour couper dans les tarifs douaniers et les subventions agricoles, supprimer le système d'«autorestriction» des exportations de l'AMF, contrôler l'emploi des droits antidumping et compensateurs, ou instaurer des règles pour le commerce des services. Elles devraient produire, selon les prévisions, des augmentations d'environ 70 milliards de dollars américains par an dans le revenu net des pays en développement – augmentations équivalant grosso modo à 3 % de leurs recettes d'exportation et excédant leurs entrées d'aide[29]. Mais certains changements interviendront graduellement (l'AMF sera par exemple aboli sur une période de 10 ans), tandis que d'autres ne seront que partiels (pour les tarifs douaniers, les subventions agricoles). Il existe en outre de fortes indications que coûts et avantages se répartiront fort inégalement; le commerce ne saurait par conséquent se substituer à l'aide.

Prévoir Une Assistance Spéciale Pour Les Perdants

L'Afrique subsaharienne, la quasi-totalité des études existantes le disent, sortira perdante de la ronde de négociations de l'Uruguay, du moins à brève échéance (sa perte nette atteindra quelque 2,6 milliards de dollars, d'après l'OCDE et la Banque mondiale). La hausse enregistrée dans certaines exportations et le gain retiré de la rationalisation interne seront plus que contrebalancés par la perte des débouchés préférentiels pour d'autres exportations et par l'importation plus chère des denrées alimentaires, des moyens technologiques et des produits pharmaceutiques. Deux importantes décisions ministérielles sont intervenues dans les derniers feux des négociations. Pour les pays les moins développés et les importateurs nets de denrées, on a convenu de leur assurer l'accès à une aide alimentaire et à un financement pour les importations commerciales de denrées. Un plus vaste engagement envers les pays les moins développés a comporté la réintégration de leur traitement spécial et différentié au GATT. Ils n'auront pas à ouvrir leurs économies, ou à protéger les droits de propriété intellectuelle, aussi rapidement ni aussi largement que les autres.

Le Canada et les autres membres du GATT ont aussi convenu d'aider aux exportations des pays les moins développés par une application précoce des ouvertures de la ronde de négociations de l'Uruguay, une plus ample amélioration des tarifs préférentiels, une considération spéciale pour l'utilisation de restrictions à l'importation d'urgence, et une sensible augmentation de l'assistance technique pour la promotion des exportations. Dans l'encadré intitulé «Éléments à incorporer dans un plan canadien d'action . . .», p. 44, nous proposons des mesures précises afin que le Canada mette à exécution cet engagement.

D'autres mesures pourraient s'imposer au profit de pays comme le Zimbabwe qui ne tombent ni dans la catégorie des importateurs nets de denrées, ni dans celle des pays les moins développés, et connaissent cependant des difficultés de commerce. L'octroi d'une aide pour développer infrastructure et capacité d'exportation est également nécessaire pour permettre de profiter des nouveaux marchés ouverts, et pour remédier aux graves pertes essuyées dans les termes de l'échange par les exportateurs de produits de base –

pertes qui ont coûté annuellement à la seule Afrique quelque **13 milliards de dollars** (de 1980) dans les années 1980, et égalé la totalité de l'APD accordée aux pays africains non exportateurs de pétrole en 1992[30]. Un financement compensatoire (plus généreux et accessible que le mécanisme pour imprévus du FMI ou le plan Stabex de l'Union européenne) pourrait servir à encourager une diversification dans des produits ou des marchés plus prometteurs.

Il reste un important travail à mener au GATT sur de nouveaux dossiers comme la politique de concurrence (où l'on pourrait s'occuper des problèmes subsistant avec les droits antidumping), l'environnement, la main-d'oeuvre, et les conséquences pour les pays en développement, ainsi que sur d'anciens dossiers comme les subventions à l'exportation. On devrait prêter attention aux conditions de travail et aux effets environnementaux dans la production des biens d'exportation, autant que dans les autres secteurs. Mais nous devons veiller à ce que les recours commerciaux utilisés pour faire avancer les normes en matière de travail et d'environnement ne soient pas indûment discriminatoires à l'égard des pays en développement, et à ce que l'assistance financière et technique qui convient soit disponible, de la manière décrite dans les *Trade and Sustainable Development Principles*[31].

«Les premières données se dégageant des statistiques sur les importations canadiennes semblent indiquer qu'elles ont dévié du reste du monde, surtout dans les catégories de produits que produisent généralement les pays en développement . . .» Ann Weston, *The NAFTA Papers, L'Institut Nord-Sud, 1994.*

L'ALENA ouvre peut-être la voie à un commerce plus étroit avec un pays en développement (le Mexique) mais il n'est pas ouvert à la grosse majorité des bénéficiaires de notre aide, et encore moins la totalité des pays en développement. Voilà pourquoi le Canada pourrait envisager une action unilatérale pour les aider à commercer. Chez nous, le débat sur l'ALENA a illustré le fait que, même si notre bien-être général va s'élever grâce au plus large commerce avec le Sud, il nous faut instaurer des mécanismes pour atténuer les problèmes de transition liés à l'ajustement, surtout dans le cas des travailleurs moins qualifiés employés dans les industries à forte composante de main-d'oeuvre. Cependant, les coûts de l'ajustement canadien ne devraient pas être absorbés par le budget de l'aide. Premièrement, d'autres ressources devraient devenir disponibles à cette fin quand l'économie enregistre des gains nets globaux. Deuxièmement, c'est le commerce avec les pays plus riches, non celui avec les bénéficiaires de notre aide, qui posera de plus grands défis sous l'angle de l'ajustement (même si les deux compteront moins que l'évolution de la technologie et de la demande).

ÉLÉMENTS À INCORPORER DANS UN PLAN CANADIEN D'ACTION POUR LE COMMERCE AVEC LES PAYS LES MOINS DÉVELOPPÉS

- Mettre fin immédiatement aux restrictions frappant les vêtements que les pays les moins développés exportent au Canada.

- Étendre l'admission en franchise à **tous** les produits que nous importons des pays les moins développés (pour remplacer le droit nul actuellement limité aux produits visés par le Tarif de préférence général).

- Remanier la Loi sur les mesures spéciales d'importation pour pouvoir accorder un traitement spécial aux produits des pays les moins développés en cas d'adoption de mesures d'aide face aux importations.

- Procurer des fonds supplémentaires (en plus de l'aide accordée aux PLMD) pour la promotion du commerce par l'entremise du Bureau de promotion du commerce, des chambres de commerce, ou d'autres organisations commerciales comme Bridgehead (éventuellement en créant un fonds de roulement).

COMMERCE ET DROITS DE LA PERSONNE :
LE CAS DE L'ALENA ET DU CHIAPAS

Bien des Canadiens ont été choqués de voir avec quelle violence les forces armées mexicaines ont réagi au soulèvement qui s'est produit dans l'état du Chiapas le jour de l'entrée en vigueur de l'ALENA. Plusieurs observateurs ont fait remarquer que l'Accord ne renferme aucune disposition sur laquelle asseoir une réplique. Pour les détracteurs de l'ALENA, cette faiblesse fondamentale constitue une raison de plus de l'abroger. Pour ses partisans, le libre-échange doit être tenu à l'écart des problèmes internes, quoiqu'en stimulant la croissance au Mexique, l'Accord améliore les perspectives pour les gens du Chiapas.

Les deux ont tort. L'intégration régionale crée de nouveaux intérêts et de nouvelles responsabilités pour la conduite des affaires dans chaque pays partenaire. Les accords additionnels portant sur l'environnement et la main-d'oeuvre l'ont bien montré. Les affaires ne sauraient prospérer dans un état d'extrême pauvreté et d'agitation civile.

Des dossiers analogues ont de bonnes chances de surgir quand l'ALENA s'étendra à d'autres pays de l'hémisphère : il est donc important de s'en occuper dès maintenant. Il faudrait alléger le fardeau de l'ajustement dans les pays plus pauvres en pratiquant une libéralisation asymétrique – c'est-à-dire que le Canada et les États-Unis libéralisent plus rapidement leurs importations, tout en accordant aux nouveaux pays membres de plus longues phases d'application pour leurs secteurs vulnérables, à forte composante de main-d'oeuvre. En plus de veiller à ce qu'une aide à l'adaptation soit mise à la disposition de ceux qui voient leurs moyens d'existence menacés, il convient de lancer de plus larges initiatives de politique sociale pour permettre à un plus grand nombre de gens de tirer parti de l'ALENA. Celles-ci comprendront un meilleur accès à l'éducation et aux soins de santé, de même qu'au crédit et à la propriété foncière. La Banque interaméricaine de développement pourrait ajouter aux rares ressources nationales.

Il est dans l'intérêt des trois pays – et en conformité avec leurs obligations internationales – d'instituer un mécanisme spécial pour s'occuper de dossiers comme les droits de la personne, y compris les droits politiques, économiques et sociaux. En plus de recueillir l'information nécessaire, un objectif serait d'envisager des stratégies pour assurer l'application et l'élévation des normes. Diverses sanctions peuvent être employées, comme suspendre les crédits publics à l'exportation; on aurait cependant à négocier de nouvelles règles pour autoriser le retrait, dans les cas extrêmes, de privilèges commerciaux.

La Cohérence

Nous devons :

- Créer des structures, à l'intérieur du gouvernement, pour assurer une plus grande cohérence entre nos différentes politiques à l'égard des pays en développement, y compris l'adoption d'un cadre pour les stratégies-pays.

- Renforcer la coopération, à l'extérieur du gouvernement, entre les différents partenaires canadiens du développement.

Assurer Une Plus Grande Cohérence À L'Intérieur Du Gouvernement . . .

Il est crucial d'assurer une plus grande cohérence entre toutes les relations du Canada avec les pays en développement. Les politiques que nous adoptons dans un secteur omettent trop souvent de prendre en considération les éventuelles répercussions sur nos efforts de développement (ou vice-versa), la cause étant le manque de temps, la concurrence entre ministères ou départements, ou tout simplement l'ignorance. Ceci peut signifier, dans la meilleure des hypothèses, qu'on gaspille des possibilités de synergies; et, dans la pire, qu'on mine de fragiles efforts de développement.

Ainsi les objectifs de notre politique de développement devraient-ils se refléter dans le commerce que nous poursuivons avec les pays du tiers-monde. Les exportations d'armements risquent de contredire les efforts qu'on fait pour amener les gouvernements à reporter les ressources de la défense sur le social. Le soutien financier public au commerce avec l'Indonésie devrait s'accorder avec l'action officielle du Canada pour encourager le respect des droits de la personne (et avec ses obligations découlant des conventions sur les droits de l'homme qu'il a signées). Les compagnies qui apportent l'aide devraient être tenues d'observer un code de conduite. Un exemple de cohérence dans l'autre sens serait que l'ACDI mette son expertise en matière de développement au service de la politique de défense du Canada (comme dans les activités de maintien de la paix ou de secours humanitaire).

Il y a eu quelques tentatives qui ont réussi pour assurer une plus grande cohérence, comme lors des préparatifs du sommet de Rio sur l'environnement. **Nous recommandons d'utiliser plus activement et régulièrement le Comité interministériel sur les relations économiques avec les pays en voie de développement.** Le CIREPVD pourrait par exemple discuter et évaluer les options de politique commerciale du Canada, et l'ACDI y jouer un rôle plus actif, en faisant ressortir les diverses conséquences pour les pays en développement. Il faudrait aussi examiner si le champ d'action du CIREPVD devrait être oui ou non élargi aux relations non économiques (dans les domaines, par exemple, de l'environnement, de l'immigration et de la sécurité). La complexité du développement semblerait appeler une démarche plus «holistique», plus globale. En attendant, l'ACDI devrait avoir les moyens de participer aux autres comités dont les décisions risquent d'affecter notre politique de développement (et où son expertise sera un apport fécond aux plus vastes décisions en matière de politique étrangère).

... Y COMPRIS L'ADOPTION D'UN CADRE POUR LES STRATÉGIES-PAYS

Les ministères et départements du gouvernement ne devraient pas se contenter de coordonner leurs politiques au sein du CIREPVD. **Nous recommandons de donner à l'ACDI le mandat de publier, chaque année ou tous les deux ans, un exposé de stratégie pour chaque pays en développement.** S'y trouveraient résumées les politiques du Canada à son égard dans les domaines de l'aide, du commerce, de la finance, des droits de la personne, de la condition des sexes, etc., à la lumière des propres plans et aspirations de développement de ce pays. On devrait par conséquent préparer le document en le consultant. On tâcherait d'y démontrer comment s'imbriquent les diverses politiques, et donc combien notre politique de développement est cohérente en pratique. (Les contradictions seraient avouées au lieu d'être cachées – et les coûts connexes évalués.) Les exposés de stratégies devraient être réunis, publiés et utilisés pour les consultations et l'éducation du public; en fin de compte, ils auraient l'utilité de contribuer à une plus grande responsabilité publique.

La question de la cohérence devrait être également abordée par le Comité d'aide au développement de l'OCDE dans son examen annuel. Il devrait évaluer le comportement global de chaque donneur dans les domaines du commerce, de la finance et des autres relations économiques, en plus de l'aide.

RENFORCER LA COOPÉRATION ENTRE LES DIFFÉRENTS PARTENAIRES CANADIENS DU DÉVELOPPEMENT

L'incohérence traduit souvent une inaptitude à forger un consensus entre les différentes clientèles canadiennes. Au lieu de continuer à glisser sur leurs divisions, il serait bon de rassembler ces divers groupes pour envisager d'autres stratégies. Ainsi un Conseil canadien du développement, qui se composerait de membres d'ONG, de représentants de l'entreprise et d'analystes des secteurs public et privé, pourrait-il siéger chaque année pour rendre compte de leurs activités respectives dans le monde en développement et pour penser aux moyens d'en accentuer la complémentarité.

UN CONSEIL CANADIEN DU DÉVELOPPEMENT

Un Conseil canadien du développement, qui réunisse les différentes «clientèles» oeuvrant dans nos relations avec les pays en voie de développement, pourrait jouer un rôle inestimable dans la conception, l'exécution et l'évaluation de la politique en matière de développement du Canada. Il pourrait siéger au moins une fois l'an. Les discussions, en plus de se pencher sur la dernière année et sur les prochains défis à relever pour les secteurs public et privé, pourraient se concentrer sur un thème particulier, comme le rôle du secteur privé dans le développement, l'assistance multilatérale ou la viabilité au plan environnemental. L'objet serait d'instaurer des principes communs, d'évaluer les politiques en cours, de repérer les secteurs où intensifier la coopération, et d'élucider les divergences. Le Conseil pourrait occuper une place clé dans le Forum national sur les relations internationales du Canada qu'on projette de mettre sur pied, et il pourrait aussi jouer une précieuse fonction dans l'éducation du public.

CONCLUSION

ÊME SI LES SUPERBES RÉSULTATS QU'ONT AFFICHÉS UN PETIT nombre de pays en développement viennent confirmer le potentiel des autres, plus d'un milliard de gens du Sud continuent à vivre dans la pauvreté absolue. En même temps, les attentes de ce que doit accomplir le développement vont en s'amplifiant – pour inclure maintenant une meilleure gestion de l'environnement, une bonne gérance publique, et plus encore. S'attaquer à ces problèmes est devenu une tâche à la fois plus pressante et plus compliquée.

Une bonne partie de l'initiative doit venir du Sud – par exemple, dans le choix des politiques économiques, dans la priorité à donner à des programmes sociaux avant d'autres, et même dans la production des moyens de développement. Mais les Canadiens et les autres nations du monde développé, plus privilégié, ont un rôle à jouer dans ces efforts, en les appuyant.

Notre programme d'aide, tout limité qu'il soit, a besoin d'être radicalement restructuré. Là où les besoins sont les plus grands, il a souvent eu une efficacité limitée, et même échoué; dans certains cas, il a peut-être perpétué une dépendance à l'égard de l'assistance. Réorienter l'aide bilatérale vers les pays et les peuples les plus démunis serait un premier pas approprié. Après cela, les réponses ne sont pas limpides, la difficulté reflétant la complexité du processus du développement. Nous devons entamer un travail multilatéral avec d'autres donneurs, et avec divers groupes du tiers-monde et du Canada, afin de décider de nouvelles stratégies plus efficaces.

Outre l'aide, il est plusieurs politiques complémentaires qui s'imposent, allant de la réduction des dettes à la promotion et la libéralisation des échanges. Ces politiques, il convient de les intégrer avec les autres objectifs à caractère non économique, allant du respect des droits de la personne et du progrès des femmes à la protection de l'environnement. De telles mesures, en plus de s'imposer pour assurer un développement au sens élargi du terme, vont également s'accorder avec nos efforts pour régler nos problèmes nationaux par-delà les économiques de courte durée.

Si le Canada entend vraiment exercer ses responsabilités aux termes de la citoyenneté mondiale, les choses ne sauraient continuer comme avant.

Renvois

1   Banque mondiale, *Rapport annuel 1993.*

2   L'IDA destine la majorité de ses fonds aux pays «les plus pauvres», définis comme ayant un revenu par habitant de 765 dollars US (de 1991) ou moins; elle fait des exceptions pour des petites économies insulaires et des petits pays qui continuent à ne pouvoir bénéficier des prêts plus onéreux de la Banque mondiale. Banque mondiale, *Rapport annuel 1993.*

3   Par suite des changements dans les régimes d'importation de l'Argentine, du Chili et du Mexique, l'Amérique latine a enregistré la plus forte croissance des importations au monde les deux dernières années. En outre, de la fin 1988 à la fin 1992, cinq pays latino-américains ont eu certains des marchés boursiers connaissant les plus rapides appréciations au monde (avec des hausses de plus de 100 % en dollars, contre un gain de 51 % aux États-Unis et une baisse de 43 % au Japon).

4   Comme nous l'avons déjà signalé, une indication plus exacte des besoins que le revenu par habitant serait l'Indicateur de développement humain du PNUD. On pourrait par exemple déclarer les pays au-dessus de la médiane de 0,5 inadmissibles à l'assistance canadienne, ce qui conduirait à une grande refocalisation du programme d'aide, car la Chine, l'Indonésie, les Philippines et d'autres du groupe des 40 pays de concentration de l'ACDI en seraient retirés. Mais étant donné les critiques adressées à l'IDH, d'autres travaux vont peut-être s'imposer pour sortir un indicateur qui traduise une plus large gamme de valeurs.

5   Les ONG canadiennes constituent déjà d'importantes filières d'acheminement de l'aide canadienne, même si l'ACDI n'en publie généralement pas la pleine mesure. L'Agence publie seulement des chiffres sur les «programmes de partenariat» que les ONG administrent pour leur propre compte et pas sur les cas où elles sont «organismes d'exécution» pour le compte de l'ACDI, qui peuvent être assez nombreux. Selon les estimations de Ian Smillie et de Ian Filewood, les ONG auraient acheminé jusqu'à 13 % de l'assistance canadienne en 1990-1991, et 20 % de l'aide bilatérale. Voir «Canada» dans Ian Smillie et Henny

Helmich, *Organisations non gouvernmentales et gouvernements : Une association pour le développement*, OCDE, Paris : 1993, tableau II.

6   Ainsi, dans le cas de l'aide de 1,3 milliard de dollars que le Canada a livrée au Pakistan dans les années 1980, le Vérificateur général a-t-il trouvé que : «une forte proportion . . . a été affectée à des projets d'infrastructures d'État dans les domaines du transport ferroviaire et de l'énergie. Ces projets ont été réalisés par des entreprises canadiennes du secteur privé. Ceux-ci ne semblent pas être des moyens directs qui permettent le mieux d'aider les personnes les plus pauvres du Pakistan à améliorer leur potentiel humain et leur capacité de gagner leur vie» (*Rapport 1993*, p. 343). SECOR a aussi fait remarquer que le nombre important et le type des secteurs aidés semblent motivés par des intérêts indigènes du Canada (1991, 4.1).

7   OCDE, *Rapport 1992* du CAD, p. 48.

8   La Réserve aide-commerce est un fonds que le Royaume-Uni finance à même son APD pour aider ses fournisseurs à rivaliser avec ceux des autres pays dans la lutte pour les contrats des projets de développement. Elle s'élevait à 97 millions de livres en 1991-1992, après avoir représenté en moyenne 6 % du total de l'assistance britannique dans les années 80. Depuis son introduction en 1978, quelque 937 millions de livres ont aidé à financer pour 3,8 milliards de livres de projets. Royaume-Uni, ODA, *Annual Report 91-92*, Londres, 1993.

9   Comme le propose l'Association des exportateurs canadiens dans *Vers une nouvelle stratégie d'exportation concertée*, janvier 1994.

10 John P. Lewis, *Pro-Poor Aid Conditionality*, ODC Policy Essay No. 8, Washington, 1993.

11 CAD, *Rapport 1992*, p. A-27.

12 ACDI, *Rapport annuel 1991-1992*, tableau U, pp. 60 et 61.

13 Voir AEC, *Vers une nouvelle stratégie d'exportation concertée*, Ottawa, janvier 1994.

14 Au total, les contrats adjugés à des fournisseurs du Canada égalent grosso modo les cotisations canadiennes. Les dernières années, le rapport va de 1,14 pour la Banque mondiale à 0,71 pour la Banque interaméricaine de développement; la moyenne est 0,78 pour toutes les BMD. Le rapport pour l'aide bilatérale est, par contraste, plus faible : 0,68. La part canadienne des

marchés passés dans les BMD cadre grosso modo avec notre part des exportations mondiales vers la même région. Roy Culpeper et Andrew Clark, «*Canada and the Multilateral Development Banks*», L'Institut Nord-Sud, Ottawa, à venir, 1994.

15 CAD, *Rapport 1992*, OCDE. Durant cette période, l'aide canadienne a augmenté de 3,3 % par an; dans la seconde moitié des années 80, sa croissance n'a été que de 1,2 %, contre 1,7 % pour l'ensemble des pays du CAD.

16 CAD, *Rapport 1992*, OCDE, Paris, 1993, p. 43.

17 Roy Culpeper, «Resurgence of Private Flows to Latin America: The Role of American Investors», L'Institut Nord-Sud (miméographié), novembre 1993.

18 Ainsi, entre 1980 et 1992, les gouvernements africains ont-ils mené quelque 8 000 négociations séparées avec leurs créanciers. T. Killick dans G.K. Helleiner, «Sub-Saharan African External Debt and Financing: Necessary Reforms for Development», Université de Toronto (miméographié), mai 1993; et Helleiner *et autres, Report of an Independent Working Group on the Ugandan Economy* (Kampala: Gouvernement de l'Ouganda, septembre 1993).

19 Dans le cas de l'Ouganda, le service officiel de la dette en proportion des exportations est 97 % pour 1993-1994 et 80 % pour 1995-1996. Les paiements réels ne représentent toutefois que deux tiers de ce niveau. La dette contractée après 1981 entrant pour près de 40 % dans le total de la dette bilatérale officielle ne peut bénéficier d'allégements d'après les règles du Club de Paris. Helleiner *et autres*, 1993, pp. 48 et 49.

20 Le Club de Paris est une tribune où sont rééchelonnés les crédits consentis, garantis ou assurés par les gouvernements créanciers. Pour plus de précisions, voir David Sevigny, *Le Club de Paris, vu de l'intérieur*, L'Institut Nord-Sud, Ottawa, 1990.

21 Les deux premiers cas critiques où tout l'encours de la dette pourrait être traité vont se présenter en 1994, et avoir la possibilité de créer d'importants précédents. Helleiner *et autres*.

22 Vérificateur général, *Rapport 1992*, p. 302.

23   Entre 1985 et 1992, les banques multilatérales de développement ont effectué des transferts nets de 29,7 milliards de dollars américains aux pays en développement, mais ils ont été plus que contrebalancés par les transferts nets de ces pays au FMI, qui ont atteint 33,6 milliards. Roy Culpeper, «A Note on the Multilateral Creditors and the Debt Crisis», *World Development*, 21:7 (1993). En 1992, les pays en développement ont effectué un transfert net de 1,9 milliard de dollars à la Banque mondiale. Banque mondiale, *Rapport annuel 1992*, Washington, 1993. Chaque année depuis 1984, l'Afrique subsaharienne a été une source de transferts nets pour le FMI.

24   Helleiner, 1993.

25   Culpeper, 1993.

26   En 1993, l'ACDI a annoncé l'octroi d'une subvention de 93 000 dollars à une chaîne de commerces de vêtements de sport qui avait conclu un partenariat avec une compagnie textile de Quito, en Équateur, pour fabriquer des vêtements de sport. ACDI, *Communiqué*, 2 février 1993.

27   I. Trela et J. Whalley, «Least Developed Countries, the Multi-Fibre Arrangement, and the Uruguay Round», analyse pour l'ACDI, décembre 1991.

28   Les données sont tirées de : Han Soo Kim et Ann Weston, «Anti-Dumping Measures and Regional Trade Agreements: Another Source of Trade Diversion?» L'Institut Nord-Sud (miméographié), Ottawa, 1993.

29   Ian Goldin *et autres*, *Libéralisation des échanges : Conséquences pour l'économie mondiale*, Centre de développement de l'OCDE et Banque mondiale, Paris, 1993. Ces chiffres ne tiennent pas compte des coûts (et avantages) des nouvelles règles pour les investissements, les services, la propriété intellectuelle et les subventions à l'exportation.

30   Helleiner, «Sub-Saharan African External Debt and Financing: Necessary Reforms for Development».

31   Institut international du développement durable, *Trade and Sustainable Development Principles*, Winnipeg, février 1993.

BIBLIOGRAPHIE

Agence canadienne de développement international. *Rapport annuel 1991-1992*, ministère des Approvisionnements et Services, Ottawa, 1993.

Communiqué, 2 février 1993.

Association des exportateurs canadiens. *Vers une nouvelle stratégie d'exportation concertée*, Ottawa, janvier 1994.

Banque mondiale. *Rapport annuel 1993*, Washington.

Andrew Clark et Marta Arnaldo. «Preliminary Report on Implementation of Sharing Our Future». Ottawa: L'Institut Nord-Sud, 1993.

Comité d'aide au développement. *Rapport 1992*. Paris: OCDE , 1992.

Roy Culpeper. «A Note on the Multilateral Creditors and the Debt Crisis». *World Development*, 21:7 (1993).

Resurgence of Private Flows to Latin America: The Role of American Investors. Ottawa : L'Institut Nord-Sud, novembre 1993 (miméographié).

Ian Goldin *et autres. Libéralisation des échanges : Conséquences pour l'économie mondiale*. Paris: Centre de développement de l'OCDE et Banque mondiale, 1993.

G.K. Helleiner. «Sub-Saharan African External Debt and Financing: Necessary Reforms for Development». Toronto: Université de Toronto, mai 1993 (miméographié).

G.K. Helleiner *et autres. Report of An Independent Working Group on the Ugandan Economy*. Kampala: Gouvernement de l'Ouganda, septembre 1993.

Han Soo Kim et Ann Weston. «Anti-Dumping Measures and Regional Trade Agreements: Another Source of Trade Diversion?», Ottawa: L'Institut Nord-Sud, 1993 (miméographié).

John P. Lewis. *Pro-Poor Aid Conditionality, ODC Policy Essay No. 8*. Washington: Overseas Development Council, 1993.

David Protheroe. «L'aide multilatérale sous la loupe», *Synthèse B32.* Ottawa : L'Institut Nord-Sud, 1991.

David Sevigny. *Le Club de Paris, vu de l'intérieur.* Ottawa: L'Institut Nord-Sud, 1990.

I. Trela et J. Whalley. «Least Developed Countries, the Multi-Fibre Arrangement, and the Uruguay Round», analyse pour l'ACDI, décembre 1991.

Royaume-Uni. Overseas Development Administration. *Annual Report 91-92*, Londres, 1993.

UNICEF. La situation des enfants dans le monde, 1992. Oxford: Oxford University Press, 1992.

Vérificateur général du Canada. *Rapport 1993*, Ottawa, 1994.

ANNEXE I

Autres Jeux Possibles de Politiques

L'Ouganda (170 $ US par habitant) 4e pays le plus pauvre au monde

Exemples d'autres jeux possibles de politique	Politique actuelle	Politique proposée
Aide	- 37e dans l'APD canadienne en 1991-1992 - grosse coupure d'aide en 1992-1993 - certain délient	- accroître l'APD, y compris pour les dépenses ordinaires, afin de convertir la stabilisation économique en croissance - plus large usage des ressources locales (intrants, expertise technique) par un moindre lient de l'aide, pour développer la capacité et améliorer la conception des projets - plus d'enseignement pour les filles, et de crédit, d'emploi et de soins de santé pour les femmes
Dette/finance	- réduction limitée de la dette, dont le service demeure un fardeau excessif	- plus grand allégement des dette bi- et multilatérales
Commerce/ investissement	- certaines améliorations dans l'accès au marché canadien (moins favorable, cependant, que pour le Mexique) - certaines exemptions des nouvelles règles du GATT	- plus grande promotion de ses exportations par le Fonds africain de diversification des produits de base, le Bureau de promotion du commerce et le Centre de promotion international de l'ONU, par un meilleur accès au marché
Autre politique étrangère	- secours pour les réfugiés de la Corne	- efforts plus concertés pour l'édification de la paix dans la région

Le Zaïre (220 $ US par habitant)
pays à faible revenu

Exemples d'autres jeux possibles de politique	Politique actuelle	Politique proposée
Aide	- 14e dans l'APD canadienne	- acheminer l'aide bilatérale par les ONG, en reconnaissance des graves problèmes de gérance publique (corruption, violations de droits) - plus grand usage des filières multilatérales pour réclamer des changements également dans les politiques économiques - liement aux progrès réalisés dans la voie de la démocratisation et du respect des droits de la personne
Dette/finance	- complète radiation de la dette d'APD dans le cadre du plan de remise de dettes à l'Afrique subsaharienne	- remise de la dette d'aide à conditions non privilégiées
Commerce/investissement		- restreindre les crédits à l'exportation accordés aux organismes officiels jusqu'à certains changements dans la politique
Autre politique étrangère		- interdire les exportations d'armes en citant les droits de la personne comme raison - pression diplomatique sur la question des droits de la personne, avec possibilité de sanctions

Exemples d'autres jeux possibles de politique	Politique actuelle	Politique proposée
Le Morocco (950 $ US par habitant) pays à revenu intermédiaire		
Aide	- 26e dans l'APD canadienne	- reclasser et complètement retirer du programme d'aide bilatérale
Dette/finance	- important bénéficiaire de prêts à conditions privilégiées de la SEE (section 31)	- plus large usage du financement à conditions non privilégiées, surtout multilatéral, par ex. pour les activités non gouvernementales sur l'environnement, la condition de la femme, et la promotion de la société civile.
Commerce/investissement	- liement de l'aide pour favoriser les exportations canadiennes - ouverture du marché par le biais du GATT	- rendre les lois antidumping (et leur application) moins favorables aux producteurs canadiens - utiliser la SEE pour soutenir les risques en matière d'investissement - hausser/ôter le plafond mis aux investissements de fonds de pensions canadiens outre-mer

ANNEXE II

Les idées du Parti libéral sur la politique étrangère du Canada

Problème	Solution du Parti libéral	Commentaire
L'insécurité qui règne dans le Sud touche les Canadiens.	Pas de coupures dans l'aide sans consultations.	Doit s'engager à inverser les coupures de 92-93, surtout pour les pays les plus pauvresd'Afrique.
La pauvreté (spécialement tenace en Afrique; liée aux guerres, aux dégradations de l'environnement, aux migrations).	La cible d'une aide égale à 0,7 % du PNB devrait être atteinte au plus tôt.	*Partageons notre avenir* de l'ACDI ne saurait être plus clair dans son accent sur la pauvreté (le problème : ne pas avoir suivi le cadre).
Le manque de ressources de l'Afrique (exacerbé par la réduction de moitié de notre aide bilatérale).	Besoin d'un cadre bien net pour la répartition de l'aide.	Bien, mais définir clairement les besoins essentiels. Une part plus élevée peut s'imposer dans certains pays. Peut requérir un plus grand déliement de l'aide.
	Axer l'aide sur le développement humain (25 % ira aux besoins essentiels).	Mais le Canada devrait favoriser recherches et débats sur les options.
	Importance de réformes économiques.	
La dégradation de l'environnement.	Rendre l'aide et le commerce (via le GATT, l'ALENA) plus écologiques.	Plus dur à faire pour le commerce; importe pour compléter le soulagement de la pauvreté et les efforts dans d'autres sphères (FEM, ententes internationales).

Problème	Solution du Parti libéral	Commentaire
Les droits de la personne.	Lier l'aide aux droits de la personne.	Bon de rendre le processus plus transparent, prévisible.
	Publier un rapport annuel sur le «bilan droits de la personne» des pays aidés; consulter le public sur la politique en retour.	De quels droits parle-t-on?
	Promouvoir déclarations et conventions de l'ONU.	
	Fortifier la société civile.	
	Lier commerce et droits de la personne au plan multilatéral.	
Le faix de la dette en Afrique et en Amérique latine.	Note l'importance de réduire réellement la dette des pays les moins développés.	De quelle façon? Quelle sera notre action unilatérale? Que ferons-nous pour pousser les «multilatérales» à réduire la dette des PLMD?
Les problèmes de commerce.	Commerce plus équitable.	Rien sur le moyen de régler la crise des produits de base (par ex. une aide au fonds africain de diversification).
La baisse des termes de l'échange.		
La restriction de l'accès aux marchés des donneurs.	Libéralisation bilatérale du commerce axée sur les pays les plus endettés.	Des réductions de dettes et des accords de commerce uni- ou multilatéraux pourraient être plus efficaces.
	Zone de libre-échange multilatérale dans les Amériques.	Tous les pays ne peuvent peut-être pas satisfaire aux obligations de l'ALENA; ses règles sur l'agriculture sont truffées d'exceptions.
	Dans les Amériques et l'Asie-Pacifique, les mêmes règles commerciales devraient s'appliquer à tous.	Les remèdes se situent peut-être hors de la sphère du commerce.

Problème	Solution du Parti libéral	Commentaire
Les problèmes sociaux internes	Étudier l'effet du commerce sur notre édifice social.	L'aide peut aider à l'ajustement dans les PMD, mais ne devrait pas servir à cela au Canada (peu de nos problèmes d'ajustement liés au commerce viennent des pays aidés par l'ACDI).
…et l'ajustement.	L'aide pourrait aider à l'ajustement.	
Le niveau limité du commerce et de l'investissement privé.	Fonds de dotation spécial pour les Canadiens investissant en Europe de l'Est.	Peut être efficace, mais n'est pas à faire aux dépens des bénéficiaires traditionnels de l'aide.
	Fonds de dotation pour les activités haute technologie en Asie.	
La faiblesse des institutions internationales.	Revoir le fonctionnement des IFI et des «multilatérales».	Voir aussi comment hausser la transparence du rôle canadien dans ces institutions.
	Étudier la réforme de l'ONU (élaborer un Ordre du jour du développement pour compléter l'Ordre du jour de la paix).	
Le manque de consultation du Parlement et des groupes intéressés lors de l'élaboration de la politique étrangère.	Veiller à ce que le Parlement débatte tous les accords internationaux et notre financement des autres activités internationales.	Ce pourrait être un important moyen de forger une compréhension publique de la politique étrangère.
	Créer un centre d'élaboration de la politique étrangère.	Ce pourrait être un réseau des nombreux centres de politique étrangère existant déjà, au lieu d'une nouvelle création.
	Instituer le forum national sur nos relations internationales, qui se réunira annuellement.	L'INS recommande de créer un Conseil canadien du développement (qui se concentrera sur nos relations avec le tiers-monde) comme volet du forum national.

Source: Tiré du Parti libéral du Canada, Pour la création d'emplois, Pour la relance économique : *Le plan d'action libéral pour le Canada,*